京山 민주평화통일 서사시집

우리는 하나

京山 민주평화통일 서사시집

우리는 하나

| 태종호 지음 |

아! 오월의 광주여!   새 역사 쓴 판문점   그대는 평화를 원하는가

평화는 인간사의 최고의 가치이고 통일 또한
선택의 문제가 아니라 우리 민족의 시대적 소명이다

한누리미디어

머리말

평화平和와 통일統一을 위해

한반도 평화통일平和統一이라는
과제를 안고 매달린 지 40여 년
청춘青春이 백발白髮이 되었건만
그 완전한 해법을 찾지 못한 채
또 한해를 보내고 있다

참으로 딱하고 안타까운 일이다
평화는 인간사의 최고의 가치이고
통일 또한 선택의 문제가 아니라
우리 민족의 시대적 소명召命이다

아무리 어렵고 험한 길일지라도
좌절挫折하거나 포기하지 말고
우리의 힘으로 반드시 이루어야 한다

홍익인간과 이화세계의 기치 아래
인류人類의 항구적 평화平和와
대한大韓의 미래를 위한 대장정에
우리 모두 함께 나아가길 원한다

차례

● 머리말 · 8

1부 민주 · 아! 오월의 광주여!

깨어있는 민족이어야 _ 16 | 바위 _ 17 | 민족의 등불 _ 18
그날도 그랬습니다 _ 20 | 민중의 함성 _ 22
오리 정승을 기리며 _ 30 | 아! 오월의 광주여! _ 34
제주도 _ 35 | 코리아21 백신을 맞자 _ 36 | 우산의 착각 _ 38
소통과 불통 _ 39 | 미안하지만 천만에요 _ 40
혼돈의 비정상 _ 42 | 혼돈의시대 _ 43 | 아이야 일어나라 _ 44
그대의 뒷모습 _ 46 | 하물며 사람이랴 _ 47 | 지금 우리는 _ 48
고목의 기백 _ 49 | 2024 비상계엄 파동을 보고 _ 52
2024 여의도 콘서트 _ 59 | 축시-외길 인생 _ 60
그럼에도 우리는 _ 63 | 역사의 교훈 _ 64 | 생명력 _ 66
받침대 _ 67 | 역사의 주인이 되자 _ 68 | 민초의 지혜 _ 69
줄서기 _ 70 | 존재의 의미 _ 72 | 고난의 고개를 넘어야 _ 73
5월을 넘어 6월엔 _ 74 | 청와대 _ 76 | 방향의 늪 _ 77
쉽고도 어려운 일(知行合一) _ 78 | 바른 정치를 하려면 _ 79
채혈과 수혈 _ 80 | 대통령 국민임명식에 부쳐 _ 82

2부 통일·새 역사 쓴 판문점

선죽교 _ 86 | 평양 _ 87 | 개성공단 _ 88 | 대동강 _ 90
백두산 천지 _ 92 | 통일염원 _ 94 | 비무장지대 _ 96
가야만 하는 길 _ 99 | 우리는 하나 _ 100
작은 일 하나라도 _ 101 | 어비 계곡의 통일노래 _ 102
한강 _ 104 | 어떤 생각 _ 105 | 임진강 탄식 _ 106
휴전선의 여름 _ 108 | 한 씨알 한 뿌리 _ 109 | 천지의 기도 _ 110
새 역사 쓴 판문점 _ 111 | 초일기원 _ 116 | 바람 _ 118
아직도 더 기다려야 합니까? _ 119 | 제3차 평양남북정상회담 _ 120
나의 오랜 벗에게 _ 132 | 두물머리에 서서·1 _ 136
두물머리에 서서·2 _ 137 | 두물머리에 서서·3 _ 138
마니산 _ 140 | 기다림 _ 141 | 그녀와 합방할 날을 기다리며 _ 142
비 오는 날의 축복 _ 144 | 송년 _ 146
아! 내 겨레여! 한민족이여!! _ 148 | 태극기와 무궁화 _ 151
문은 열고 담장은 허물고 _ 152 | 새들아 말 좀 물어보자! _ 153
꽃 피울 날이 멀지 않았네 _ 154 | 마음의 통로를 열어 _ 155
그래도 후회는 없다 _ 156

차례

3부 평화 · 그대 평화를 원하는가

회한 _ 160 | 독도야! _ 161 | 비상구 _ 162
운무와 한반도 _ 163 | 불장난 _ 164 | 덧난 상처 _ 166
평화 _ 168 | 지구 사랑 _ 169 | 6월의 약속 _ 170
새해 첫날 _ 172 | 달집태우기 _ 174 | 사냥놀이 _ 176
그대여! 평화를 원하는가 _ 178 | 새 역사를 꿈꾸며 _ 181
비상의 꿈 _ 184 | 언제라도 그렇게 _ 186
동지팥죽을 먹으며 _ 188 | 재회 _ 189 | 그날 _ 190
평화의 길 _ 191 | 월드컵 평화 _ 192 | 투쟁의 역사 _ 194
설날 _ 197 | 서두름과 느긋함 _ 198 | 삶의 가치 _ 199
공감과 공존 _ 200 | 자유와 평화 _ 202 | 순리의 변 _ 204
순환의 도 _ 205 | 아수라장 _ 206 | 인생의 길 _ 207
인생유전 _ 208 | 오늘과 내일 _ 209
석계역과 월계역 사이 _ 210 | 고향무정 _ 212
내가 여든 살이 되었을 때 _ 214 | 창덕궁 후원 _ 216
마음 _ 217

4부 통일의 노래 · 우리는 하나다

8천만의 통일의 노래(당선작) _ 220
통일이 되니 참 좋구나 _ 222
통일동산에 올라 _ 225
통일 되면 우리는 _ 226
그날이 오면 _ 227
통일열차 _ 228
주인이니까 _ 229
우리는 하나다 _ 230

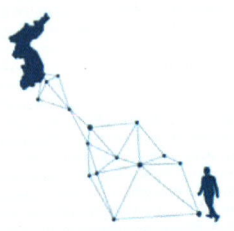

京山 민주평화통일 서사시집
우리는 하나

1부

민주

— 아! 오월의 광주여!

깨어있는 민족이어야

21세기 요동치는 혼란정국에
깨어있는 민족이 되어야 하리

거센 비바람이 휘몰아쳐도
꺾이지 않는 대나무처럼

엄동의 설한풍 오롯이 견디고
맨 먼저 꽃피우는 매화처럼

붉은 꽃잎 속에 백설을 껴안고
그 빛을 잃지 않는 동백꽃처럼

풍전등화 같은 이 나라를
온몸을 던져 구한 선열들처럼

울창한 푸른 솔 큰 나무 되어
이 터전을 지키고 빛내야 하리

- 2024년 甲辰年 1월 20일 大寒날

바위

어제도 오늘도 지금 이 시간에도
나의 자리는 변함이 없고
나의 시선은 항상 멀리 있습니다

그리움 때문입니다

풍우風雨가 괴롭히고
고독孤獨이 밀려와도
견딜 수 있는 것은

기다림 때문입니다

언젠가 당신이 오실 것을 믿기에
마냥 기다리고 있습니다

억겁의 세월이 흘러
온몸이 부서져 내리고
기억마저 혼미해져도
나는 흔들림 없이 기다릴 겁니다

나의 시선은 오늘도 멀리 있습니다

- 2014년 甲午年 8월 15일
민주평화통일을 염원하며

민족의 등불

찬란한 역사를 자랑하던 배달민족이
그 빛을 잃어가던 1905년,
암울했던 혼돈의 시기를 박차고
안암골에 등불을 밝힌 고려대학교

나라와 민족을 교육으로 구하고자
敎育救國의 기치를 내건 지 어언 111년,
세기를 넘어 격동의 세월을 수놓은
30만 교우의 보금자리, 고려대학교

자유, 정의, 진리의 거룩한 발자취마다
우리의 역사는 창조되고 진화되었다
급변하는 21세기 변화의 파고를 헤치고
세계를 향해 웅비하는 고려대학교

한반도의 중심에 우뚝 서서
조국의 미래를 설계하고
민족의 미래를 선도해 온
이 나라 지성들의 결사체
고려대학교 교우회

아! 오늘 제 32대 교우회가
호랑이의 깃발을 높이 올리노니
모든 산맥들도 일어나서 환호하고
태평양의 파도도 너울너울 춤춘다

우리는 지성과 야성을 겸비한
이 나라 최고 최강의 교우회답게
만나면 반가운 선후배 되고
앞에서 끌어주고 뒤에서 밀어주는
끈끈한 고대정신을 실천하여 왔노라

앞으로 나아가자. 자유의 수호자,
정의의 전사, 진리의 선각자로서
통일한국을 선도하는 이정표가 되고
선진강국을 이끄는 견인차가 되어

또 다시 민족의 등불을 밝히노니
우리의 요람 고려대학교여 영원하여라!!

- 2016년 고려대학교 32대 교우회의 출범을 축하하며

그날도 그랬습니다

1987년 6월 10일 그날도 그랬습니다
오늘처럼 하늘도 푸르고
산과 들도 파란색 일색이었습니다

그러나 민초들의 가슴은
바람맞은 숯불처럼 활활 타오르고 있었습니다

종철이도 보내고 한열이도 보내고
이젠 더 이상 두려움도 망설임도 없었습니다

다만 앞으로 나아갈 뿐이었습니다

정의의 깃발 아래 모인 그들은
학생도 상인도 주부들도 구별이 없었습니다

회사원도 종교인도 기사들도
한 목소리로 독재타도를 외쳤습니다
호헌철폐 직선제 개헌을 외쳤습니다

일제에 항거하던 3.1만세운동이 재현되고 있었습니다

그들은 승리했습니다
그날도 오늘처럼 하늘은 청명했습니다

세월이 아무리 흘러도
소박한 꿈과 자유를 원하는
민초들의 마음은 한결같습니다

그날도 하늘은 푸르고 산과 들은 진초록이었습니다
그날도 그랬습니다

  - 2016년 丙申年 6월 10일 6.10항쟁을 추억하며

민중의 함성

2016년 11월 12일 정오

북악산 아래 푸른 기와지붕 위로는
비취빛 하늘이 눈부시게 곱고
늦가을 단풍이 용광로처럼
활활 불타고 있는데
대문이 굳게 닫힌 파란 지붕 큰집엔
적막에 휩싸인 채
새의 숨소리마저도 들려오지 않았다

오늘 따라 유난히 낯설게 느껴지는
그 을씨년스러운 큰 집을 뒤로하고
경복궁을 거쳐 율곡로로 접어드니
운현궁 앞마당에선 흥겨운 농악놀이
한마당이 펼쳐지고 있었다

마치
폭풍전야의 고요를 깨려는 듯
민중혁명의 시작을 알리려는 듯
불통의 장벽을 무너뜨리고

소통의 새 시대를 맞이하려는 듯
신들린 춤사위와 장단가락이
사람들과 하나 되어
빙글빙글 돌아가고 있었다

오후 2시

여느 때보다 많은 사람들이
하나, 둘 나타나기 시작했다
이 골목 저 골목에서
아무렇지도 않게 평온한 얼굴로
나들이 나온 차림으로 천천히 걸어서
광화문 광장으로 향하고 있었다
그러나 그들의
굳게 다문 입술에는 결의가 담겼고
맑은 눈동자는 빛났다

광장에는 젊은이들이
평화롭게 모여앉아
삼삼오오 짝을 지어 춤추고 노래하며

공연과 토론을 즐기고 있었다
시간이 흐를수록 사람들의 숫자는
눈덩이처럼 불어나
순식간에 수천, 수만을 넘어
마침내 민중으로 변하고 있었다

오후 4시

광장을 가득 메운 시민들은
이게 나라냐,
박근혜 퇴진,
국민이 주인이다
대통령은 하야하라
형형색색의 피켓을 흔들며
단호한 목소리로 그동안 유보했던
주인의 명령을 내리고 있었다

가족이, 친구가, 연인이 손잡고
학생과 교사, 청년과 노인,
유모차를 끌고 나온 부부,

수능을 앞둔 수험생,
스님과 수녀, 남자와 여자,
어린이와 노인의 구별 없이
대통령의 퇴진을 요구하는
분노의 함성이 폭포수처럼
분출되고 있었다

정의롭고 성스러운 주권을 되찾아
나라를 바로 세우기 위한
평화의 촛불을
서울광장과 광화문광장에서
환하게 밝히고 있었다

같은 시각
제주도에서 부산에서 광주와 대전에서
대구와 전주, 수원과 인천에서
도시와 농촌에서 교정에서 일터에서
뉴욕에서 파리에서 시드니에서
6.10항쟁의 정신을 되살려
대한민국의 역사를 또 다시

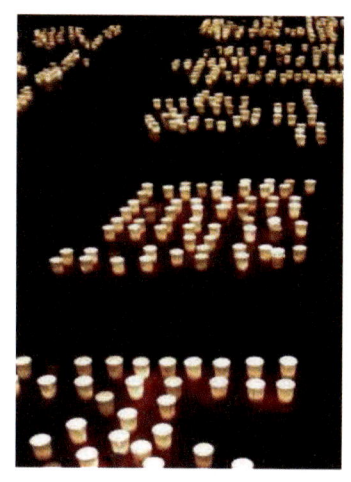

고쳐 쓰고 있었다

오후 7시

마침내 100만의 인파가 모였다
그들은 한목소리로
국민을 배신한 대통령의 퇴진과
희대의 국정농단에 대한 응징과
그들을 비호하는 세력과
그들을 방임했던 무능한 삼류 정치권을
규탄하고 원망하며
불신과 분노의 함성을
끝없이 표출하고 있었다

그리고
이 힘든 고비를 넘어
더 큰 밝은 미래와
새로운 세상을 열망하며 기도하는
촛불의 물결이 어둠속에 넘실대고 있었다

어느새 그 물결은
세종대로에서 종로에서 을지로에서,
서대문과 정동에서 안국역을 거쳐
청와대를 향해 나아가고 있었다

그것은 다름 아닌
이 땅에 정의를 바로 세움이요
성난 파도와 같은 민심의 경고이며
준엄한 심판이자 단호한 명령이었다

이제는 참지 않으리라
이제는 행동으로 보여주리라
오랜 인내와 침묵은 끝났다
귀를 닫으면 닫을수록 목소리는 커지고
귀를 열고 들으면 함성은 잦아질 것이다

먼 훗날 역사에 당당하려고,
사랑하는 아이들에게
정의가 무엇인지 행동으로 보여주려고
기꺼이 광장으로 나왔노라

정권은 잠시지만 국가는 영원하리니
반드시 온전한 나라를 만들어
너희들에게 물려주리라

오후 10시 30분

밤은 점점 깊어가고
시민도 경찰도 함께 지쳐가지만
시민들은 스스로 폭력을 경계하고
경찰은 차분하게 비폭력을 강조하며
시민은 경찰을, 경찰은 시민을 배려하면서
그렇게 서로를 다독이고 있었다

이제 집회를 마쳐야 할 시간
학생들이 쓰레기봉투를 펼쳐들고 나서자
모두가 앞장서서 쓰레기를 치우고
시민들은 경찰과 환경미화원에게
음료수를 건네며
비폭력의 명예혁명을 완수하고 있었다

3.1혁명의 전통을 이어받은
우리의 위대한 국민들은
성숙한 시민의식을 바탕으로
응어리 진 분노의 촛불집회를
대화합의 축제의 장으로 승화시키고 있었다

- 2016년 丙申年 11월 12일 촛불집회 현장을 취재하며

오리 정승을 기리며

격동의 임진왜란, 정유재란, 인조반정 등
나라가 누란累卵의 위기에 처했을 때
온몸을 던져 나라를 구했고

출중한 판단력과 능통한 외국어
실무적 능력을 겸비한 재상으로
실의와 비탄에 빠진 백성을 구한 거인,

그 이름 청사靑史에 길이 빛날
오리梧里 정승 이원익 대감

나라가 어려울 때마다 부름을 받았고
나라의 부름이 있을 땐
일신의 고난을 마다하지 않았네

몸은 비록 병약하고 왜소했으나
뛰어난 경륜經綸으로 국난을 평정하고
한평생 애국愛國 애민愛民함으로써

당대에는 물론 후세 사람들이

입을 모아 한목소리로
명재상 오리 정승이라 칭송稱頌하네

공직에 머무는 동안에도 한결같이
옳은 일에는 소신을 굽히지 않았고
잘못된 일에는 추상秋霜 같은
기개氣槪로 맞섰네

일처리마다 빈틈이 없고
수리數理에도 밝았으며
오직 나라와 백성을 위한 일념一念뿐
붕당과 시류時流에 영합迎合하지 않았고
사명감은 투철하고 혜안慧眼은 빛났네

기득권의 격렬한 반대에도
선혜청宣惠廳을 설치하고
대동법大同法을 실시하여
빈민구제와 국가재정을 안정시켰고

공직에 나가는 손자에게도 오직 하나

목민관牧民官의 도리만을 당부하였으니
신념과 성실, 청렴과 결백, 근검의 실천으로
공직자의 표상表象이 되었네

사람의 마음은 물과 같아 혼탁한 물에서는
옥석玉石을 구별할 수 없다고 하시며
부동심不動心을 몸소 실행하셨고

이익을 보면 치욕恥辱을 먼저 생각하고
사치와 허영을 경계하였으며
성품이 소박하여 벼슬을 탐한 적 없었으나
3대조에 걸쳐 영의정을 제수 받았고
정승으로만 40년을 봉직奉職하셨네

노구에도 국사國事를 돌보느라
원행遠行이 잦았고
퇴임 후 88세로 서거할 때까지
스스로 농사짓고 돗자리를 만들어 팔아
생계生計를 이었으니

기거하는 두 칸짜리 초가마저 비가 새어
임금께서 관감정觀感亭을 지어 주시고
사람들에게 그 정신을 본받으라 당부하니
오늘도 우리는 그 고귀한 삶을 추앙하며
청백리 오리 정승이라 부르네

- 2017년 丁酉年 7월 1일 사성재思成齋에서

아! 오월의 광주여!

아! 광주여!
오월의 광주여!

금남로의 뜨거운 함성이여!
상무관의 서러운 통곡이여!

전남도청의 비장한 결의여!
폭력에 맞선 불사조들이여!

정의로운 민중의 횃불이여!
오늘도 타오르는 불꽃이여!

아직도 끝나지 않는 노래여!
영원히 기억해야 할 역사여!

아! 광주여!
5.18 민주시민의 혁명이여!

- 2020년 庚子年 5월 18일 5.18 40주년을 맞아 광주 망월동 묘역에서

제주도

국토의 막내 탐라여!

사방으로 몰려오는 파도
돌멩이만 가득한 척박했던 땅
거센 바람 사납고
고난의 역사 고스란히 간직한 땅

그 처절한 간난의 고초 이겨내고
빛으로 승화한 산하여!

볼수록 매력 넘치는 풍광
절제된 기품과 인격의 조화

한라산 정기 가득 받고
백록담에 몸을 씻어
만인이 흠모하고 칭송하는
헌헌장부가 된 번영과 희망의 땅

대한민국 국토의 막내 탐라여!
대한민국의 자랑 탐라여!
그 자리에서 영원하라!

- 2013년 癸巳年 9월
제주도 여행길에

코리아21 백신을 맞자

庚子年 지구촌은 악몽이었다
다산多産의 상징도 사람이 아닌 바이러스였다
전 인류가 거미줄에 걸린 채 발버둥치는 나방이었다

코리아20은 팬데믹 광풍에도 아시타비我是他非였다
이중 잣대의 달콤한 로맨스는 여전히 견고하고 건재했다

정치에는 타협이 없었고
언론들은 진실을 외면했고
법은 존엄과 형평이 훼손됐다

민초들은 점점 시들어 가는데
강자들의 기 싸움은 에너지가 철철 넘쳐흐른다
그들의 눈에는 오직 승리뿐 아무 것도 보이지 않는다

왜 민초들이 한숨짓고 있는지
왜 어깨가 처져 있는지
왜 외로운 자연인을 꿈꾸고
왜 트로트에 위로를 받는지
짜증과 우울과 고통의 순간을 어떻게 견뎌내고 있는지

진정으로 우리 사회가
기회는 평등하고 과정은 공정하고 결과가 정의로웠는지
묻고 또 묻고 물어보지만
그 절박한 소리는 언제나 허공에 맴돌 뿐이다

그러나 기억해야 한다
사필귀정事必歸正은
단 한 번도 틀린 적이 없었다는 사실을

새해 첫날이 밝아온다
동편 하늘에 찬란히 떠오르는 태양을 보라
힘차게 솟구치는 햇살을 보라
자연의 섭리는 어김이 없다

2021 새해를 맞아
우리 모두 더 늦기 전에 한민족의 지혜를 살려
파국을 막아줄 백신을 서둘러 맞자

소처럼 입은 무겁게 하고 직분은 소중히 여기며
성실과 근면을 신봉하고 충효의 미덕이 추앙받는
신토불이 홍익인간 이화세계의 백신을 서둘러 맞자

- 단기 4354년 2021년 辛丑年 새해를 맞으며

우산의 착각 錯覺

긴 가뭄 끝에 비가 내린다
우산들이 환호한다
각양각색의 우산들이 초조하게
주인의 낙점을 기다린다

오랜 시간 밤낮으로
절치부심하던 우산들이
주인의 눈도장을 찍기 위해
저마다 무용담을 자랑한다

나는 거센 소나기가 쏟아져도
비 한 방울 맞지 않게 하겠다
나는 태양의 자외선까지
차단해 피부를 곱게 지켜주겠다
나는 특급 태풍도 막을 수 있고
핵미사일까지도 걱정 말라고
기염을 토한다

정작, 그 우산의 주인들은 이제
그들이 떠들어대는 소리에는
별 감응이 없다는 사실을
우산들은 과연 알고나 있을는지

- 2023년 癸卯年 4월 5일
총선을 앞둔 비 오는 날

소통疏通과 불통不通

그대가 살아가는 동안
누가 길을 묻거나 손을 내밀거든
무심히 지나치지 말고 소통하라

우리가 지금 걷고 있는 이 길은
누구라도 그 무게가 다를 수 없는
모두가 똑같은 삶의 길이요
잠시 머무르는 나그네의 길이니

조금 느리게 가더라도
조금 손해를 보더라도
기꺼이 함께 가는 길을 택하라

나의 욕구를 충족시키거나
목적지에 먼저 도달하기 위해
불통의 우를 범하지 마라

소통의 기쁨과 불통의 괴로움을
머지않아 곧 깨닫게 될지니

소통의 상생과 불통의 파멸을
다 끝난 뒤에야 후회하게 될지니

- 2023년 癸卯年 12월 6일
  서울 용산 전쟁기념관 앞에서

미안하지만 천만에요

전해 오는 속설에
'미안하지만 천만에요' 라는
우스꽝스러우면서도 서글픈 말이 있다

헛기침 한 번이면
나는 새도 떨어트린다는 막강한 세도가가
아무 죄 없는 사람을 잡아다가
우격다짐으로 닦달을 할 때

자기는 아무 잘못이 없음을 항변은 해야겠는데
신분이 미천한지라
말대꾸를 했다가는 불경죄에 걸릴까 두려워서
미안하다는 말을 먼저 함으로써
상전에 대한 예의를 갖추고

그렇지만 나는 결백하다는 것을
단호하게 강조하는 말이 '천만에요' 라는 말이다

'미안하지만 천만에요'
이 얼마나 서글픈 항변인가

불평등하고 가슴 아픈 말인가

지금이라고 이러한 일들이 없다고
자신 있게 자부할 수 있는가
우리 함께 되새겨 볼 일이다

- 2023년 癸卯年 12월 10일 세계인권의 날에

혼돈混沌의 비정상

나라의 주권자인 국민은
철탑 위에서 고공농성을 하고

잠시 권한을 위임받은 일꾼들은
집에서 파티를 하고

법은 만인에게 평등하다고
목청껏 주장하면서

상식도 공정도 사람에 따라
적용과 처벌이 다르다면

이 혼돈의 비정상을 어찌
민주국가라 칭할 수 있는가

– 2023년 癸卯年 4월 19일 혁명기념일에

혼돈混沌의 시대

어지럽구나
어지럽구나
참으로 어지럽구나
중심축이 흔들리니
세계가 혼란스럽고
기둥이 비틀거리니
나라가 엉망이구나

안타깝구나
안타깝구나
참으로 안타깝구나
청정한 길 버려두고
미망迷妄 속에 빠져서
허우적거리는 꼴이
참으로 가관이구나

아이야
내일 하루만이라도
잠에서 깨어나
해가 어디서 뜨는지
해가 어디로 지는지
두 눈 크게 뜨고
지켜보아라

- 2024년 甲辰年 12월 12일 비상계엄 후 후란정국에

아이야 일어나라

아이야 일어나라
동녘 하늘 저렇게 해 솟아오르고
먼동이 튼 지가 언제인데
여태껏 잠만 자고 있느냐

옆 집 아이들은 벌써 일어나
손잡고 일터로 나아가는데
너는 어찌하여 아직도
깊은 잠에 빠져 일어날 줄 모르느냐

간밤에 꾸었던 악몽일랑
이제 그만 훌훌 털어버리고
용수철처럼 오뚝이처럼 벌떡 일어나
새날 새 아침을 맞이하여라

아이야
어서 서둘러 일어나라
앞마당엔 저렇게 종달새가 지저귀고
뜰에는 아지랑이가 손짓하지 않느냐

그러니 아이야 어서 일어나
기지개 한 번 크게 켜고 뜀박질하여
온 누리에 태극 깃발 펄럭이는
아름다운 무궁화동산 가꾸어 나가자

- 2024년 甲辰年 2월 4일 立春日 아침에

그대의 뒷모습

아! 그대여!
나는 그대의 아름다운
뒷모습에 반했다오

그대의 얼굴은 비록
할퀴고 찢긴 상처투성이지만
그대의 뒷모습은
닦을수록 반짝이는 청동거울처럼
시간이 흐를수록
은은한 빛을 발산하기 때문이라오

이 세상에는
오직 자신만의 이익을 위해
얼굴을 위선으로 포장하고
역사도 외면하고 거짓으로 살다가
뒷모습이 초라한 이들이
얼마나 많은가요

자랑스러운 그대여!
나는 정의롭고 용기 있는
그대의 성스러운 뒷모습을
기억하고 따르고 싶으오

- 2024년 甲辰年 3월 1일
105주년 삼일절에

하물며 사람이랴

이 세상 강자들이여 성찰하라

지렁이도 밟으면 꿈틀거리고
곤충도 잡으려 들면 독침을 쏘는데
하물며 사람이랴

꽃잎도 바람이 불면 반응을 하고
짐승들도 해치려 들면
눈에 불을 켜고 으르렁대는데
하물며 사람이랴

이 세상 약자들이여 꿈꾸어라

아무리 무서운
초강력 태풍이 휩쓸고 가도
들풀은 초연히 다시 일어서고

산불이 산을 다 태워 재만 남아도
푸른 새싹은 또 다시 올라오는 것이
만물의 변함없는 이치이거늘

하물며 만물의 영장인 사람이랴

- 2024년 甲辰年 9월 28일
독선의 정치를 보며

지금 우리는

지표면을 뜨겁게 달구던 태양열도
폭우를 몰고 오던 먹구름도
음률 경쟁을 벌이던 매미들도
피맛을 보려고 극성떨던 모기들도
메달을 향한 올림픽의 함성도
두 쪽으로 쪼개진 광복절의 상처도

시간의 마법에 따라

하늘은 나날이 높아만 가고
조석으로 서늘한 기운도 느껴지고
풀벌레 우는 소리에 맞추어
흰머리 갈대는 흥겹게 춤을 추며
일본의 심장부 고시엔 하늘에선
한국어 교가가 울려 퍼지고 있는데

지금 우리는
잡은 손 놓고 돌아앉아
무슨 그림을 그리고 있는가

그대여! 그대여! 아는가

우리가 그리려는 대한의 큰 그림은
소아를 버리고 대승적 화합으로
큰 붓을 움직여야 꽃피운다는 사실을

- 2024년 甲辰年 8월 29일 만해선사탄신 145주년을 맞아 심우장尋牛
莊에서

고목古木의 기백氣魄

찬바람 부는 산꼭대기 비탈길에 홀로 서 있는
고목나무가 세상을 향해 외친다

제법 거칠게 몰아치는 비바람에
내가 금방이라도 넘어질까 봐 걱정하지 마라
아직 이 정도 바람으로는 나를 쓰러뜨릴 수 없다
썩어도 준치라 하지 않더냐

내가 아기나무일 때는
부드러움으로 바람을 피했고
중간나무 시절에는 무지개 꿈이 방패였으며

큰 나무 시절엔 불타는 야망으로 폭풍도 이겨냈고
거대한 장목이 되어서는 산을 지키려는
책임감 하나로 미친 태풍과도 맞섰느니라

지금은 비록 이파리도 다 떨어지고
잔가지도 모두 부러지고
껍질까지 발가벗겨져 보기에는 허술하지만

내 몸통 속 깊은 곳에는
그 아름답고도 고달팠던 간난의 세월을
굽이굽이 넘어온 추억들이
밤하늘에 반짝이는 보석처럼 빛나고 있느니라

삶의 지혜라는 보검을 나이테 속에 감추고
아직도 새로운 부활을 꿈꾸고 있느니라

이까짓 건들바람에 쓰러질 내가 아니니
그 누구라도 부질없는 걱정일랑 내려놓고
가까이 다가와서 나의 내공을 들여다보아라

- 2024년 甲辰年 10월 2일 노인의 날을 기념하여

2024 비상계엄 파동을 보고
– 2024년 甲辰年 12월 3일 초겨울 포근한 날씨의 저녁

오랜만에 만난 대학동문 몇 사람과 함께
간소한 송년식사를 마치고 귀가하던 길에 전철 안에서
비상계엄 선포라는 속보를 듣게 되었다

나는 너무 뜻밖이어서 요즘 유행하는
가짜뉴스인 줄만 알았다
하지만 그것은 믿기지 않는 사실이었다

과거 군복무중인 1972년 10월 유신 때
계엄을 겪었던 때가 먼저 떠올랐고
지금부터 45년 전인
소위 신군부라 칭하는 계엄군들이 저질렀던
12.12군사반란과 5.18 광주민주화운동 당시
계엄군의 만행을 떠올리면서 충격으로 다가왔다

이 시대에 대한민국에서 계엄령이라니
그래서 거듭 확인했지만
유감스럽게도 분명한 실제 상황이었다
이미 10시 23분 대통령의 비상계엄선포에 관한
긴급담화문 발표가 있었고

계엄사령관에 육군참모총장이 임명되었다

국회의사당은 경찰병력에 의해 봉쇄되었으며
불법을 항의하는 의원들과 시민들이 합세하여
경찰들과 거센 공방을 벌이고 있는 가운데
도로에는 장갑차까지 동원되고 의사당 상공에는
군 헬기들이 요란한 굉음을 내며 계엄군들을 투입시키고 있었다

10시 30분에는
헌법기관인 중앙선거관리위원회에도 군 병력을
투입시키는 기상천외한 발상의 폭거를 저지르고 있었다

11시가 되자
대통령담화문 전문이 인쇄되어 있는
언론사 호외가 곳곳에 뿌려졌고
국방부장관은 전군 지휘관회의를 소집하였으며
보기만 해도 섬뜩함이 느껴지는 내용으로 가득한
계엄사령부의 제1호 포고령이 발표되었다

그 사이 국회의장은 의원 전원에게 긴급히

국회 본회의장에 나올 것을 공지하였고 의원들은
정문에서 사생결단의 몸싸움을 거치거나 담장을 넘어서
속속 국회로 들어가기 위한 필사의 노력을 기울였다
국회의장과 야당 대표도 의원들과 함께 담을 넘어
국회로 들어가는 참담한 일들이 벌어지고 있었다

12월 4일 0시가 지날 무렵
계엄군들은 국회 본회의를 저지하기 위해
경내 진입을 시도하면서 점차 과격해지기 시작했다
계엄군이 항의하는 여성에게 총부리를 들이대는 모습과
급기야는 국회 본청 유리창문을 파괴하는 장면이
생생하게 중계되면서 국민들을 경악케 했다
계엄군이 결사적으로 진입을 막는 야당 보좌진들을 위협하는 등
실로 일촉즉발의 긴박한 상황이 연출되고 있었다

12월 4일 0시 49분
드디어 계엄해제 결의를 위한 의원정족수가 충족되자
국회의장에 의해 본회의가 개의되었고
비상계엄 해제요구 결의안이 상정되고 표결했다
참석의원 190인 중 찬성 190인

(야당의원 172명, 여당의원 18명)
참석의원 만장일치로 계엄해제 결의안은 가결되었다
비상계엄 선포 155분이 경과한 후였다

12월 4일 4시 27분
대통령은 생중계 담화를 통해 비상계엄 선포 해제를
발표했다. 국회 가결 3시간 30분이 지난 후였고
비상계엄을 선포한 지 6시간 만이었다

12월 4일 4시 30분
정부도 국무회의를 열어 계엄해제안을 의결함으로써
비상계엄사령부는 해체되었으며
국회로 진입했던 군 병력과 경찰들도 모두 철수했다

이로써 숨 가빴던 12.3 계엄사태는 종료되었다

그러나 그것으로 끝난 것이 아니다
정작 지금부터가 중요하다
계엄이 취소되었다고 해서 신성한 헌법을 유린하고
국민들을 불안에 떨게 한 범법자들을

추호도 용서하거나
그냥 두어서는 안 된다
철저히 색출하여 모조리 법의 심판을 받게 해야 한다

분노한 국민들은 이제 대통령의 퇴진과 탄핵,
내란에 참여한 책임자 처벌을 외치고 있다

목숨이 위험한 상황에서도 불법계엄에 맞서 결연히
저항했던 시민들은 비상시국대회를 열어
대통령 사퇴와 탄핵, 내란행위 수사를 촉구한다

전국 곳곳의 국민들도 대통령 퇴진 시위에 나섰고
대학의 교수와 학생들 또한 시국성명과 대자보 등을
통해 대통령 탄핵과 처벌을 촉구하고 있다

참으로 길고 긴 2024년 12월의 겨울밤이었다

국가를 보위하고 국민을 보호해야 할 대통령이
국가를 위험에 빠뜨리고 민의의 전당인 국회를 유린하고
공정과 상식 역사의 교훈마저 외면하고
심지어 주권자인 국민들에게 총구를 들이대는

어이없음과 분노와 걱정과 불안과 참담함과
서글픔이 뒤섞인 공포의 시간을 조장한 무리들이다

지도자 한 사람의 망령된 오판이 얼마나 많은
국가위상을 추락시키고 경제를 파탄내고
국가공권력에 대한 믿음에 회의를 가져오게 했는지
국제정세 변화의 골든타임을 허비하게 만들었는지
그 죄과를 생각해 보면 모골이 송연해진다

한밤중 취중 칼춤 같은 폭풍은 가라앉았다지만
아직도 뇌리에 각인되어 사라지지 않는 그때의
잔영이 아직도 국민들의 눈앞에서 어른거리고 있다

계엄군이 국회에서 여성을 향해 총구를 겨누는 장면
계엄군이 국회 본청 창문을 깨부수는 장면
계엄군이 철수하면서 죄송하다고 거듭 사과하는 장면 등

아! 이것이 과연 선진국이라고 자부했던
21세기 대한민국의 현실이란 말인가
계엄이 해제되었다고 해서 아무렇지 않게

또 다시 평범한 일상으로 돌아갈 수 있을까
2024년 12월 3일 밤 많은 대한민국 국민들은
공포와 걱정과 분노로 쉬 잠들지 못하고 밤을 새웠다

정치인들이여, 공직자들이여, 법관들이여,
군수뇌부들이여, 경찰간부들이여,
사정기관의 장들이여,

정신을 가다듬고 뼈를 깎는 심정으로
대한민국이 민주국가임을 국제사회에 천명하고
국민들의 신뢰를 회복할 수 있는 올바른 판단과
그에 따른 막중한 책무와 위기의 리더십을 발휘하여
상처 입은 국민들의 정서를 치유할 수 있는
묘책을 찾는 데 밤을 새워 고심하기 바란다

다시는 이 같은 악랄하고 어처구니없는 사태가
재발되지 않도록 하는 모든 법적 장치를 신속히 마련하고
모든 권력은 국민으로부터 나온다는 평범한 진리를
다시 한번 상기하고 되씹기 바란다

- 2024년 甲辰年 12월 4일 수요일 새벽에 - 京山

2024 여의도 콘서트

보아라
눈을 크게 뜨고 똑똑히 보아라
어둠 속에서 빛나는 저 찬란한 불빛들을
일반석도 특별석도 구분 없이
서있는 자리가 바로 귀빈석이 되어
거룩한 빛을 뿜어내지 않느냐

들어라
귀를 기울여 똑똑히 들어라
백만 인파가 한목소리로 외치는 소리를
리어설도 지휘자도 없지만
박자도 음정도 한치의 오차 없이
완벽한 화음으로 노래하지 않느냐

답해라
변명하지 말고 분명하게 답해라
맨가슴으로 살벌한 총구를 감싸 안으며
불안과 공포의 밤을 견뎌내고
미래를 위해 평화의 꽃을 피우려는
민주시민들이 묻고 있지 않느냐

- 2024년 甲辰年 12월 14일
  탄핵의 밤에 여의도에서

● 축시祝詩

외길 인생(영원한 웅변인 송양호)

세계의 지붕 히말라야 산맥의 정점 곤륜산에서
동쪽으로 힘차게 뻗어내려 오다가
백두의 혈맥이 뭉친 축복의 땅 한반도

그 땅에 한 웅변인이 있었다
자기 자신도 웅변인임을 기꺼이 자처했고
다른 이들도 그를 웅변인이라 칭하는 데
조금도 주저하지 않았다

그는 그렇게 웅변인이 되어 한 생을 살았다

비록 키는 작고 체구는 아담했지만
단전에서부터 울려 퍼지는 그의 사자후는
거인처럼 우렁차고 거침이 없었다

우리는 한길만을 고집하고 앞만 보며
외길을 걸어온 사람을 장인이라 부른다

그렇다면 웅변인 송양호는
한 우물만을 판 우직한 장인임에 틀림이 없다

까까머리 학생 때부터 팔순을 넘긴 오늘까지
오로지 웅변의 외길만을 걸어왔다
직업도 웅변이었고 생활철학도 성실이었다

선배에게는 극진했으며
동료들에게는 친근했고
후배들에게는 자상했다

그가 그렇게 살아올 수 있었던 배경에는
대한웅변인협회라는
튼튼한 둥지가 있었기에 가능했을 것이다

그 둥지에서 부화해 병아리가 되었고
중닭을 거쳐 장닭이 되었으며
이제 오늘 드디어 봉황의 자리에 등극했다

조국의 독립과 평화통일 민족번영의 얼이 서린

전통에 빛나는 대한웅변인협회의 수장이 되었다

이제 회원동지들의 지혜와 역량을 결집시키고
유능한 인재들을 발굴하고 키워서
우리 대한민국이 더욱 부강하고 발전할 수 있는
굳건한 초석을 놓을 차례다

평생의 업인 대한의 웅변인으로서
마지막 봉사를 통해 대미를 장식하고
그 명성이 후세에 길이 빛나기를 바란다

- 송양호 선배의 대한웅변인협회 총재 취임을 축하하며 2024년 甲辰年 12월 7일 京山 太宗鎬

그럼에도 우리는

매서운 겨울 설한풍은
벌거벗은 나뭇가지를 사정없이 할퀴고

계곡물도 꽁꽁 얼어
쇠뭉치 같은 빙판 속에 낙엽들이 갇혀 있다

그럼에도 우리는
크게 걱정하지 않는다

경험을 통해 이미 알고 있기에 그렇다

시간이 지나고 나면
나뭇가지 사이로 따뜻한 햇살이 비치고

땅 속에서는
지표면이 들썩거리도록 힘찬 기지개를 켜고

그 때가 되면
빙설도 맥없이 녹아내리고
그 자리엔 어김없이 화려한 꽃이 피고

우리가 기다리는 봄은 그렇게 온다는 걸
알고 있기에 그렇다

- 2025년 乙巳年
1월 5일 小寒 날에

역사의 교훈

무릇 동서고금을 막론하고
세계 역사서를 조금만 들여다보면

한 나라의 지도자가
분별력이 없고 무능력하거나
포악하고 탐욕스럽거나
공허한 공명심에 사로잡혀 있거나
주색에 매몰되어 방탕을 일삼게 되면
주변에는 비열하고 교활한 자들만
부나비처럼 들끓게 되어

필연적으로
민생은 피폐하고 공동체는 훼손되고
경제는 파탄나고 문화는 침체되고
국가안보는 위태롭게 되어
국민들은 헛되이 목숨을 잃게 되고
종국에는 망국으로 이어졌다

반대로 지혜로운 지도자는
국가의 미래에 대한 정책을 제시하고
인재를 발굴해 적재적소에 배치하고

몸소 근검절약을 실천하며
끊임없이 민생을 살피고
상벌은 치우침 없이 분명하고 엄격하며
문화를 꽃피워 삶의 질을 향상시키고
국민들을 화합으로 이끌어
부국강병과 태평성대를 이루었다

그러하기에
누구든지 정치지도자가 되려고 한다면
철만난 메뚜기 떼처럼
경쟁하듯 무작정 뛰어들 게 아니라

수천 수만 개가 넘는
역사의 교훈들을 살피고 또 새겨서
권력을 탐하다가 패가망신하고
나라까지 망치는 우를 범하지 말고

내가 과연 나라를 이끌어갈 지도자로서
적임자인지 아닌지
자기 자신의 검증을 철저히 한 연후에
출사표를 던져야 할 것이다

- 2025년 乙巳年 1월
  혼란정국을 지켜보며

생명력生命力

수령 700년이 넘은 느티나무의
거무튀튀한 몸체만 보면
마치 수명이 다한 것 같지만
바람이 일 때마다 잔가지와 이파리가
춤을 추는 것을 보면 살아있음을
알 수가 있다

구순을 넘긴 뒷집 할아버지가
요즈음 통 바깥출입을 하지 않으니
어찌 되셨나 하고 궁금하던 차에
때마침 마당에서 들려오는
우렁찬 기침소리를 듣고서야
건재하심을 알 수가 있다

나라가 누란의 위기에 빠졌을 때
국민들이 서로 눈치만 보고
무관심으로 방관한다면 큰일인데
분연히 일어나 정의의 깃발을 세우고
불의를 타도한다면
국혼이 살아있다는 것을 알 수가 있다

- 2025년 乙巳年 1월 25일
  동녘의 일출을 보며

받침대

금방이라도 땅에 닿을 것만 같은
심하게 굽은 소나무에게
받침대를 고여 놓으니
안정감이 느껴져서 보기에 좋다

오래된 한옥집 처마가 내려앉아
지날 때마다 불안했는데
받침대를 세워 고정시켜 놓으니
제자리를 찾아 안심이 된다

우리 사회가 우리나라가
아무리 큰 어려움이 닥친다 해도
이처럼 묵묵히 제 몫을 다하는
받침대들이 많으면 걱정이 없다

- 2025년 乙巳年 2월 4일 立春일에

역사의 주인이 되자

역사는
앞으로 나아가야 한다
물이 흐르듯이
새로운 가치를 향해
쉼 없이 진화해야 한다

역사의
후퇴는 인류의 쇠락이다
과거와 대화는 하되
정체나 회귀는
동력만 상실할 뿐이다

우리 모두는
세계 역사의 주인공이다
흑역사를 교훈삼아
새 역사를 창조해 가는
이 시대의 주인이 되자

- 2025년 乙巳年 3월 1일 삼일절 아침에

민초民草의 지혜

연약한 들풀도 바람이 불면
납작 엎드려 피했다가
바람이 잦아들면
곧바로 고개를 곧추세우고

바다도 평소에는 고요하지만
폭풍이 일면
물결은 성난 파도로 변해
배를 침몰시켜 버리듯

민중도 순응하며 살아가다가
권력자가 순리에 어긋나면
성난 사자로 돌변해
그를 물어뜯어 버린다

이 간단하고 분명한 이치를
성찰하는 자는 현인이요
능히 알면서도 무시하는 자는
분명 어리석은 자다

— 2025년 乙巳年 4월 4일
대통령 파면을 보고

줄서기

세상을 살다 보면
누구나 줄서기를 할 때가 있다

자신이 원하는 바를 얻기 위해
줄을 서서 기다리는 것이다
경우에 따라서는 밤샘을 하기도 한다

공연장 티켓을 구하거나
경기장에 입장을 하기 위해
각종 선거의 투표를 위해
자녀의 입시 상담을 위해
백화점 세일품목 구매를 위해
비행기나 차를 타기 위해
필사적으로 국경을 넘으려는 난민 행렬
심지어
한 끼의 식사를 해결하기 위해서도
줄서기를 한다

줄서기에는 두 얼굴이 있다
순서 지키기와 새치기다

순서 지키기는
평화와 화합과 안정이 따르지만
새치기는
무질서와 혼란과 파국을 몰고 온다

어찌 보면
우리 인생살이 자체가 줄서기와도 같다

개인도 사회도 국가도 세계도
대자연까지도 모두가 그러하다

- 2025년 乙巳年 3월 10일 양춘지절에

존재의 의미

한 송이의 꽃이 없다면
어찌 꽃밭을 이룰 수 있으랴

한 그루의 나무가 없다면
어찌 숲이 될 수 있으랴

한 사람의 국민이 없다면
어찌 나라가 설 수 있으랴

내 곁에 그대 없다면
나의 삶이 무슨 의미가 있으며

이 세상에 내가 없다면
우주만물이 무슨 소용이 있으랴

- 2025년 乙巳年 4월 10일 산책을 하며

고난의 고개를 넘어야

귀한 열매는
깊고 험한 산속에 있다

이를 구하려면
무모하다는
비난도 견뎌야 하고

고난과 고통의 고개도
넘어야 하며

때로는 소중한
목숨도 걸어야 한다

그래야
그 열매를 얻을 수 있다

- 2025년 乙巳年 6월 3일 21대 대선 결과를 보고

5월을 넘어 6월엔

청명해야 할 5월에
창밖에서는 불규칙한 비바람이 휘몰아치고
방안에서는 어린 손자가
버거운 수학문제를 푸느라 애를 먹고 있다

시장통에선 궂은 날도 아랑곳없이
생계를 위한 방편으로
떨이요 떨이를 목청껏 외치고 있는데

아득한 저 편
딴 세상에선 떼지어 몰려다니며
사생결단의 치열한 권력다툼이 펼쳐지고 있다

그런데 문득 궁금해진다

요란하게 외치고 있는 저들의 머릿속엔 과연
국민들의 고충이 들어있기나 할까

생활고에 허덕이는 서민들의 귓가엔
내가 적임자라는 저들의 말이 들리기나 할까

아니면 오래 된 습관처럼
이번에도 또 한 번 서로 속이고 속아보려는 걸까

여하튼
을사년 상 씨름판은 이미 시작되었고
용광로처럼 뜨거운 불꽃 대결이
달포가량 온 나라를 달굴 것이다

제발 이번 5월엔
독성 암 덩어리 같은 악의 적폐들을
모조리 용광로 속에 집어넣어 용해시켜 버리고

다가오는 6월엔
나라의 주인인 국민과 미래 세대에게 희망을 주는
대한의 새 역사가 쓰여지길 바란다

- 2025년 乙巳年 5월 20일 21대 대통령선거를 지켜보며

청와대 靑瓦臺

천고千古의 세월을 지탱해 온
경복궁 뒤편에 자리한 것은
겸손謙遜을 배우라는 것이며

푸른 기와로 지붕을 덮은 것은
청청淸靑 하늘처럼 만인에게
공명정대公明正大하라는 뜻이고

영빈관 여민관 춘추관들은
외교와 민생과 역사를 위한
멸사봉공滅私奉公의 가르침이니

이곳에 봉직奉職하는 인사들이여
부디 이 교훈을 잊지 말고
청사靑史에 빛날 별들이 되기를

- 2025년 乙巳年 6월 19일 청와대에서

방향方向의 늪

나이가 그만그만한
은빛 머리가 고운 할머니들이
공원 나무탁자에
서로 마주 보고 앉아서
오래도록 이야기를 나누고 있다

그 중 할머니 한 분이
뒤를 돌아보더니
아니 저렇게 아름다운
꽃밭이 있는 줄도 모르고
여태 눈앞에 있는
화장실만 바라보고 있었네
하면서 투덜거린다

두루 살피며 소통하지 않고
한 방향만 고집하게 되면
그 수렁의 늪에 빠져
또 다른 세상을 보지 못하는
우愚를 범하게 된다

- 2025년 乙巳年
6월 25일 창포원에서

쉽고도 어려운 일 (知行合一)

웬만한 보통 사람들은
선과 악 정의와 불의를
쉽게 구분할 줄 안다

해서는 안 될 일과
하면 가치 있는 일을
본능만으로도 깨치지만

막상 일이 눈앞에 닥치면
쉽게 실행하지 못하고
머뭇거리게 된다

더러는 두렵기도 하고
나의 손익을 끊임없이
저울질하기 때문이다

옳은 일이라 할지라도
선구자는 실행을 하지만
범인들은 생각으로 그친다

― 2025년 乙巳年 6월 30일 국회의사당에서

바른 정치를 하려면

요람에서
새근거리며 잠자고 있는
아기를 바라보듯

곱다랗게 쌓인
새하얀 눈 위를 조심조심
걸어가는 마음으로

위에서 아래로
흐르고 있는 물줄기를
보호하는 정성으로

민중들이
소중히 여기는 가치들을
지켜주는 심정으로

- 2025년 乙巳年 7월 17일 제헌절 아침에

채혈採血과 수혈輸血

병원에서 채혈을 한다
직원들이 익숙한 솜씨로
주사기를 혈관 속에 찔러 넣으면
대롱 속으로 붉은 피가 흘러 들어간다

사람들은 건강을 지키기 위해
아무런 경계심 없이
팔뚝을 내밀어 피를 제공한다

생명수나 마찬가지인 붉은 피의 역할은
채혈 말고도 또 있다

헌혈獻血과 수혈輸血이다
모두가 생명을 살리는 일이다

사람에게 채혈과 수혈이 중요하듯
국가의 경영도 마찬가지다

그 결과에 따라 희비가 엇갈린다

정치와 경제와 국민건강을 위한
채혈도 헌혈도 수혈도 잘 되어
건강한 대한민국이 되었으면 좋겠다

- 2025년 乙巳年 7월 10일 병원에서 채혈을 하며

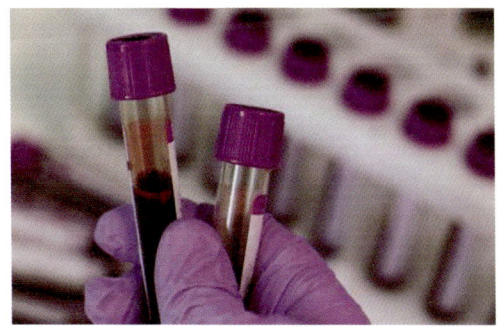

대통령 국민임명식에 부쳐

전임 대통령의 탄핵으로
21대 대통령선거를 마친 지
두 달여가 훨씬 지나서야
대통령 취임식을 한다
이름하여 국민임명식이다

국민이 대통령을 선출했으니
국민이 직접 그 권한과 책임을
부여한다는 뜻이 담긴 것 같다
주권재민의 헌법정신을 살린
당연한 일이기도 하다

과거 어디 그러했는가
무소불위의 막강한 권력을
국가나 국민을 위해 쓰지 않고
자신과 측근과 정파를 위해
마구 남용하지 않았는가

대통령 국민임명식
너무나도 당연한 일인데도

새삼스럽게 느껴지는 것은
아직도 고답적 사고의 틀에서
헤어나지 못한 결과다

오늘 광복 80주년을 맞는다
진정한 민주국가의 실현
완전한 통일독립국가의 달성
평화와 번영의 기틀을 닦는
국민임명식이 되길 바란다

- 2025년 乙巳年 8월 15일 광복절 아침에

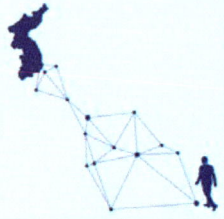

京山 민주평화통일 서사시집
우리는 하나

2부

통일

— 새 역사 쓴 판문점

선죽교

개성 송악산의 정기 받은
자남공원 기슭에서
오랜 세월 남쪽 손님 기다려 온
선죽교여

고려 말의 선죽교와
오늘의 선죽교는
돌다리도 핏빛도
다를 수는 있겠지만

포은선생 곧은 충절이야
만세가 지나간들
변함이 있으랴

우리도 조국통일 일편단심
가슴에 새겨
온전한 한반도를
후세에 길이 남겨야겠네

– 2004년 甲申年 8월 25일 개성 선죽교에서

평양

어려운 걸음으로 평양까지 와서
대동강 모란봉을 보고 있으나

낯설은 거리와 억센 사투리
여유를 빼앗는 시간 재촉에

유서 깊은 역사, 빼어난 경관
서경의 정취는 느낄 수 없고

답답한 마음만 가슴에 쌓이니
평양을 보았다 말할 수 없네

민족의 숙원 조국통일 이루어
평양 땅 다시 오게 되는 날

느리고 느린 발걸음으로
내가 그리던 서경을 알아보리라

- 2007년 丁亥年 10월 12일 열흘간 남포 평양에 머물던 날

개성공단

유서 깊은 송도 땅 허허벌판에
통일의 꿈이 영글어간다
남쪽의 자본과 기술
북쪽의 노동력이 합해져서
민족부흥의 대장정이 시작된다

안녕하세요
반갑습네다
오고가는 인사말 속엔
따스한 민족애가 살아 숨쉬고
드넓은 벌판에는 쿵쾅거리는
중장비의 기계음이
희망의 노랫가락이 되어 들려온다

허리가 꽁꽁 묶인 채
내 산하 내 동포를 곁에 두고도
오가지도, 만나지도 못하고
허망하게 보내버린
그 기나 긴 세월을
그 통한의 세월을

어찌 슬프다 아니 하리

이제 통일로 가는 길목에서
민족화해 협력의 장이 펼쳐지나니
삼각산과 송악산의 정기가
한라에서 백두까지 뻗어나갈 때까지
한민족의 저력을 되살려
통일의 그날까지 거침없이 나아가리라

- 2004년 甲申年 9월 식량차관 인도요원으로 개성공단 공사장을 지나며

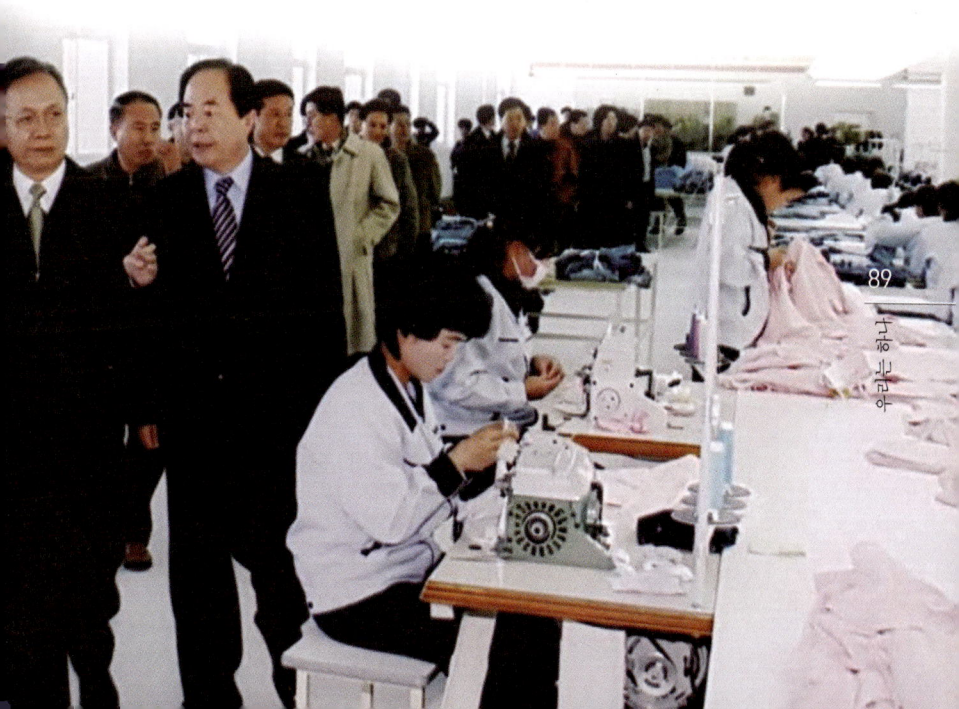

대동강

말로만 듣고 꿈에만 그리던 대동강아!
우리가 오늘에야 만났구나
네 이름이 본디 열수라 했던가
언제는 패수로 불리다가
지금은 대동강이 된 너는
굽이굽이 헤쳐 온
역사의 숨결을 고이 간직한 채
오늘도 유유히 흐르고 있구나

나는 너를 만나러 남포에서 왔는데
너는 나를 만나러 남포로 가느냐
아무런들 어떠랴
오래도록 그리던 너를 이리 만났는데
무슨 상관이 있으리
그저 반갑다는 말 한마디가
입속에서 꽃처럼 피어난다

물도 옛 물은 다 사라지고
사람도 옛사람은 다 떠났으나
그 많은 회한을 침묵 속에 가둔 채
오가지 못하는

모란봉과 을밀대, 능라도와 부벽루는
옛 자리를 지키고
맑은 하늘에 떠있는 희미한 눈썹달이
구름 속에서 수줍게 인사한다

강가 능수버들 아래서
어망에 걸린 고기를 꺼내며
환하게 웃음 짓는 그대여
남에서 온 나를 티 없이 반겨주네
오늘 하루 저 해가 저물도록
우리 함께 대동강을 친구삼아
어울려 보면 어떻겠소

한도 많고 할 말도 많은 대동강아!
세월이 흘러 네 이름이
또 어찌 바뀔는지는 모르겠지만
모든 것이 다 변한다 해도
수천 년을 지켜 온 한민족의 혼만은
고이 감싸 안으며
영원히 그렇게 흐르기를 바라노라

- 2007년 丁亥年 10월
평양방문 중
대동강변에서

백두산 천지

위용과 자태를 뽐내던 청명한 하늘도
빼곡히 들어찬 아름드리 나무들도
갑자기 시야에서 자취를 감추었다

아무 것도 보이지 않고
아무 소리도 들리지 않는
오직 터질 것 같은 거친 심장의 박동소리만을 느끼며
한 걸음 또 한 걸음 천 개의 계단을 오르고도 모자라
또 몇 걸음을 더 걸어 다다른 곳!

아~! 그곳에 나의 탯줄이 숨겨져 있었다
나와 내 어머니, 내 할머니와 그 위 할아버지
우리 백의민족을 품어주고 키워 낸 자궁 속 신비의 물결이
속살을 드러낸 채 넘실대고 있었다

또 다시 호흡은 가빠지고 맥박과 혈관이 요동치고
닫혔던 눈과 귀가 함께 열리었다
한반도가 하나 되어 하늘이 미소 짓고
산과 바다와 나무와 파도가 함께 어우러져
덩실덩실 춤추는 모습이

짙푸른 물속에 투영되어 환하게 비치었다

그러나 한순간이었다
천지는 다시 정적의 늪속으로 빠져들어 말이 없었다

몇 천 년 아~니 몇 만 년을 이어온
국토의 뿌리여! 민족의 시원이여!
그 침묵과 고요가 온몸이 시리도록 두렵다

천지는 지금 우리에게 무얼 말하고자 함인가?

- 2014년 甲午年 9월 15일 백두산 천지에 올라

통일염원

이루어지리라
반드시 이루어지리라
한반도 평화통일은 기필코
이루어지리라

생각하면 너무나 쉬운 일이
왜 이다지도 어렵단 말이냐
우리가 마음만 먹으면 단박에 될 일을
반세기를 넘어 고희를 넘긴단 말이냐
이 세상 다른 나라가 다 해낸 일을
어찌하여 우리만 홀로 남았단 말이냐

오늘밤 잠들지 말고 생각해 보자
다함께 광장으로 나와서 생각해 보자

실오라기 하나 걸치지 말고
칼바람 맞으며 생각해 보자
우리의 잘못과 부족함을 생각해 보자

우리의 정성이 우리의 염원이

백두와 한라에 닿을 때까지
함께 손잡고 생각해 보자

면면히 이어온 우리의 역사
우리의 얼과 혼을 되살려
한마음 한뜻으로 횃불을 밝혀놓고
헝클어진 실타래를 찾아내어
뒤틀린 매듭을 풀어보자

팔천만 동포가 눈이 시리고
손이 부르트도록 풀어보자
그리하면 이루어지리라
우리의 통일염원은 그렇게 이루어지리라

- 2014년 甲午年 12월 30일 한해가 저무는 밤에 조국의 평화통일과
  민족의 통합을 염원하며

비무장지대

도라산 전망대에 올라
호흡 한 번 가다듬고 북녘 땅을 바라본다

눈 크게 뜨고 발돋움하며
내 산하 내 동포를 찾는다

시력 갈증 느끼며 머리 들어 하늘을 보니
창공을 나는 새처럼
흘러가고 밀려오는 구름처럼
파란 하늘빛 속에 완성된 통일조국이 보인다

내 마음은 어느새
심장의 박동소리와 함께
휴전선을 사뿐히 넘어 개성을 지나고 있다

금강산과 평양을 지나 백두산 천지에 올라
압록강 너머 대륙을 살피고

다시 두만강을 건너 광활한 시베리아를 달린다
완성된 통일열차에 올라

세계를 향해 거침없이 달린다

그러나 어찌하랴
문득 아래를 내려다보니
비무장지대 적막 속에 숨소리조차 잦아들고
분단 70년 세월에 녹슬어버린
철조망은 탄식하며 울고 있다

저 멀리 송악산 아래 우리의 역사 담겼는데
눈앞의 제 3땅굴 표지판은 가슴을 저며 온다

땅속으로 어찌 통일을 열고
총칼로 어찌 평화를 얻으랴

평화통일 험한 고개 넘어야 할 길은
아직 한없이 아득한데

우리 민족 살릴 통일의 부푼 꿈은 어찌하고
허구한 날 편 갈라 싸우느라
총명했던 지혜마저 고갈되어

한반도의 풀기 어려운 방정식만
머릿속을 맴도는 오늘

DMZ 세계평화공원 설계도만 바람결에 흩날린다

- 2015년 乙未年 5월 15일 도라산 전망대에서 비무장지대를 바라보며

가야만 하는 길

겨레여! 내 겨레여!
우리가 지금
가야 할 길이 있다
서둘러 가야 할 길이 있다

시야를 가리는 운무를 헤치고
비바람을 맞고서라도
횃불을 밝히고서라도
반드시 가야 할 길이 있다

그것은
조국의 평화와 통일의 길이다
민족의 통합과 번영의 길이다

- 2015년 乙未年 8월 3일 고성 통일전망대에서

우리는 하나

앞마당에 서있는 감나무에서
아내가 간짓대로 따온 감 두 개

하나는
고운 빛깔의 크고 잘 생긴 감

또 하나는
벌레 먹은 작고 못 생긴 감

양지에 마주 앉아 깎고 다듬어
빨랫줄에 매달아 놓으니

크기는 비록 달라도
둘 다 영락없는 곶감이구나

- 2015년 乙未年 10월 15일 좋은 가을날 한낮에

작은 일 하나라도

이 세상 많고 많은 일 중에
가볍고 쉬운 일 어디 있으랴
작은 일 하나라도 정성 다 하면
원하는 꿈은 이루어지리

남과 북 손잡고 머리 맞대면
희망찬 미래가 손짓하리니

가시밭 진창길 고단한 길도
낙수가 바위 뚫고
거북이 재를 넘듯
쉼 없이 한 길로 나아간다면

한반도 평화통일 민족번영도
그 마음 하나로 이루어지리

- 2017년 丁酉年 3월 22일 잠들지 않은 밤에

어비魚飛 계곡의 통일노래

용문산과 유명산 정기 받아
기품 있게 솟아오른 산
가평고을 어비산 자락에 새벽을 깨우며
흰옷 입은 사람들이 모였네

이 땅의 비운의 역사 다시 세우려고
이 시대 민초들이 하나 되어
가을 햇볕 아래서 통일을 염원하고 있었네

비취빛 하늘 울창한 숲
오색 물감 뿌려놓은 만추의 그림 같은 산 아래
남녀노소 선남선녀가
간절한 마음으로 평화를 기원하고 있었네

고기들이 물위로 솟구쳐 올라
어비魚飛 계곡이라 했다네
그 기상으로 쉼 없이 손잡고 나가자고
뜨거운 정열과 차가운 이성으로
한반도의 평화통일을 다짐하고 있었네

당산목과 성황당 앞에서 소원을 빌던
보부상들의 간절한 기도문처럼

서산에 황혼이 물들고 하얀 눈썹달이 뜰 때까지
그들은 쉼 없이 하나 된 한반도를
소리 높여 외치며 기원하고 있었네

- 2015년 乙未年 10월 19일 가평 민주평통연수에서

한강

수수만년을 하루같이
고요와 침묵으로 흐르는 한강
한반도의 중심에서
한민족을 키우고 지켜온 젖줄이여!

반짝이는 물결 속에서는
태고의 전설을 노래하고
황혼의 노을 속엔
민족의 흥망성쇠를 반추하며

오늘도
역사가 되어 흐른다

대지가 타들어가는 가뭄에도
범람직전의 넘실대는 홍수에도
티끌만큼의 동요함도 없이
도도하게 흐르고 또 흐른다

계절이 바뀌어도
사람은 사라져도
한강은 우리의 혼으로 남아
영원히 그렇게 흘러가리라

― 2016년 丙申年 6월 2일
보름동안의 북한방문을 마치고

어떤 생각

꽁꽁 언 손을 난로 불에 녹이며
문득 시베리아 언 땅을 생각한다
그 시절 그 사람들을 생각한다

독립이라는 두 글자를 가슴에 새기며
추위와 허기를 견디며
피를 흘리던 날들이 몇 날이었을까

만주에서 훈춘에서 연해주까지
눈 덮인 광활한 벌판을
가슴 졸이며 오고 갔을 형극의 길

그 길을 걷고 또 걷다가
눈보라치는 광야에서
한 점 꽃이 되어 버린 임들이 손짓한다

지금은 가슴 졸일 일도 없건만
조국을 위해 우리는 무엇을 하고 있는가

뜨거운 불길에 손은 온기를 되찾았으나
임 그리는 마음은
시베리아 언 땅보다 더 시리다

- 2016년 丙申年 12월 16일 매섭게 추운 날 북만주일대를 포함한 동북3성 방문길에서

임진강 탄식歎息

먹구름으로 뒤덮인
희뿌연 하늘에선
당장이라도 소나기가 퍼부을 것 같은데
임진강의 새들은 휴전선 창공을
한가롭게 날고 있다

번영의 부푼 꿈을 안고
개성공단으로 향하던 차량마저
끊긴 지 오래 된 오늘
북녘 땅엔 적막만이 감돌고
등 돌려 제 갈길 가는 형제를 보며
임진강은 오늘도 숨죽여 운다

칠흑같이 어두운 밤
왜적에게 쫓기어
화석정을 불태우며 강을 건너던
오래 전 임진년의 기억이 떠올라
임진강은 또 서럽게 운다

강가를 서성이는 그대여

슬픈 노래라도 불러다오
먹구름 걷히고 밝은 해 뜰 때까지
내 뜨거운 눈물 남김없이
통일제단에 바치리니

임진강도 내 마음 알고 있다는 듯이
끝없이 출렁이며 울고 있다

- 2016년 丙申年 6월 10일 임진강을 바라보며

휴전선의 여름

따가운 햇볕이 이글거리는
휴전선의 여름

애 띤 얼굴의 초병哨兵과
겹겹이 둘러싸인 철조망이

노랗게 핀 금계화金鷄花 옆엔
지뢰地雷 주의 표지판이

짙은 초록빛 들녘 뒤엔
상흔傷痕을 품은 능선들이

펄럭이는 태극기 저편엔
북극보다 먼 북녘 땅이

어색한 부조화의 풍경 속에
목마른 평화통일 기도소리

- 2017년 丁酉年 6월 17일 승전전망대에서

한 씨알 한 뿌리

작은 씨알 하나
땅에 떨어져
뿌리를 내렸으니
한 뿌리인 줄 알았네

싹트고 잎 피고
바람 불더니
그 뿌리 흔들려
두 뿌리가 되려 하네

큰 나무 되려면
비바람 눈서리
고개를 넘어
한 뿌리로 서야 하네

- 2017년 丁酉年 6.25 한국전쟁 67주년을 맞아

천지天池의 기도

천지는 열려 있으나
우리의 눈은 아직 어둡고

천지는 차별이 없건만
우리의 갈등은 너무 과하다

천지는 말하고 있는데
우리의 귀는 여전히 닫혀 있고

천지는 한 자리에 있는데
우리의 마음은 표류하고 있다

어디 그뿐이랴,

천지는 기다리는데
우리의 발걸음은 해찰이 심하고

천지는 품으려 하는데
우리는 등을 돌리고

천지는 깨어있는데
우리는 아직도 꿈속을 헤맨다

- 2017년 丁酉年
8월 4일 백두산 천지에서

새 역사歷史 쓴 판문점板門店

2018년 4월 27일 오전 9시 30분
남북南北 정상이 만난다
한민족의 한이 서린 널문리에서 만난다

역사적인 오늘!
안개도 사라진 아침
하늘은 높고 날씨는 청명했다
봄꽃들은 예서제서 활짝 웃고
새소리도 청아淸雅하다

아침 8시,
청와대를 나선 대통령을 보고
국민들이 환호한다
통일염원 가득 담아 힘내라고 응원한다
결의에 찬 대통령도 잘하겠노라 화답한다

차는 북녘으로 달린다
자유로를 달린다. 통일대교를 달린다
판문점을 향해 거침없이 달린다
55분을 단숨에 달려 온 판문점엔

활기活氣가 있고 희망希望이 넘친다

9시 30분,
군사분계선을 사이에 두고
남북 정상이 마주보고 서서 두 손을 잡는다
이렇게 쉬운 일이 너무 오래 걸렸다
강제로 허리를 묶어 국토를 찢고
가족을 갈라놓은 통한의 선을
두 정상이 새털처럼 가볍게 넘는다

굴곡진 세월이 너무나도 허망虛妄하다
한 번씩 더 넘나들며 통일의지를 다진다

70년 묵은 응어리를 풀기 위해
한 맺힌 분단의 장벽을 허물기 위해
평화의 집 문을 활짝 열고 들어선다
맞다 그렇다
민족이 힘 합치면 무슨 일인들 못하랴

아! 오늘, 지금 이 순간!

가슴이 벅차오른다

남북南北의 대표들이
평화의 집 원탁圓卓에 둘러 앉아
현안懸案을 논의한다
회담장 분위기도 둥그런 원탁처럼
화기애애和氣靄靄 다정하다

통역도 필요 없고 번역기도 필요 없다
우리말 우리 글로 말하고 받아쓴다
품격과 예의 갖춰
꾸밈없는 진지한 자세로
한반도의 어려운 방정식을 하나하나 풀어낸다

한반도의 비핵화를 결의하고
종전선언과 평화협정 평화체제
이산가족 상시상봉,
하늘길과 땅길, 바닷길을 다시 열고
금강산과 개성공단 가동하여
조국의 평화통일을 앞당기고

언약의 소나무 함께 심으며
도보거리 산책길은 70년을 반추反芻한다

평화平和를 약속하며
남북정상이 얼싸안는 모습에는
외신기자들도 눈물 글썽이며
본국으로 감동의 메시지를 전한다
그렇다. 누구인들 이 장면을 보고
감동받지 않으리

6시가 넘어가고 날이 저물자
영부인들도 합류하여 만찬식장을 빛내고
한민족의 정서 가득한 공연은
우리가 문화민족임을 과시한다

드디어 9시 30분,
만난 지 겨우 열두 시간 지났는데
모두가 백년지기百年知己가 되어
남북정상은 잡은 손 놓지 않고
가을을 약속하며 석별의 정을 나눈다

아! 이곳 판문점板門店에서
한반도의 새 역사는 이렇게 창조되었다

– 2018년 戊戌年 4월 27일 판문점 남북정상회담을 보고

초일기원 初日祈願

여명이 밝아오는 새해 첫날 아침
한반도의 평화와
8천만 민족의 번영을 위해
간절한 마음으로 기원하나니

새해에는 흐르게 하소서
막혔던 소통의 물꼬가 동맥처럼 흘러
한반도 구석구석을 적시게 하소서

새해에는 샘솟게 하소서
우리의 지혜가 열리고 총명이 깃들어
진리의 샘물이 마르지 않게 하소서

새해에는 넘치게 하소서
우리의 일상들이 인정과 배려의
아름다운 실천으로 이어지게 하소서

새해에는 깨어있게 하소서
우리 사회가 원칙과 정의가 구현되는
미래를 향해 함께 나아가게 하소서

새해에는 살피게 하소서
각자의 위치에서 제자리를 지키고
책임을 다 하는 국민이 되게 하소서

새해에는 멈추게 하소서
모든 재난과 불행한 일들이 사라지고
눈물 대신 웃음소리가 들리게 하소서

새해에는 깨닫게 하소서
자연의 섭리와 물 한 모금 풀 한 포기의
작은 고마움도 마음에 새기게 하소서

새해에는 열리게 하소서
지축을 흔드는 굉음과 화약 냄새 대신
문화를 꽃피우고 이산가족이 얼싸안는
평화통일의 문이 활짝 열리게 하소서

- 2018년 戊戌年 1월 1일 새해 벽두에

바람

녹슨 철모 구멍 위로
고개 내민 꽃처럼
해묵은 철책에도
바람이 인다

부릅뜬 눈
빛나는 총
만 가지 약속

아무리 선을 긋고
또 그어도

검은 구름 몰려와
해를 가리어도

휴전선 철책 사이로
꽃바람 한 번
지나더니
닫힌 문이 열렸네

- 2018년 戊戌年 8월 18일
  백담사 만해마을에서

아직도 더 기다려야 합니까?

오늘은 사월 스무이렛날
오랜 세월 반목하던 형제가
판문점에서 두 손을 맞잡고
새 역사를 쓴 지 1년

DMZ 상공에는
해무리 무지개가 떴다
민초들이 부르는
자주, 평화, 통일 염원의 노래

70년 묵은 그 소리는
허공과 눈동자를 맴돌며
반은 애원이요
반은 피울음이 되었다

하늘이시여!
이제 그만 침묵을 깨소서
그리고 응답하소서
우리가 아직도 더 기다려야 합니까?

— 2019년 己亥年 4월 27일
　파주 통일대교에서

제3차 평양남북정상회담

2018년 9월 18일 첫째 날

제3차 평양남북정상회담의 날이다
서울의 아침 하늘은 맑았다
서울공항에는 각계각층의
남북정상회담 대표단 일행이
분주히 움직이고 있었다

8시 30분, 헬기가 도착하고
9시 대통령이 전용기에 오르자
북으로 기수를 향한 비행기는
서해 상공으로 힘차게 비상했다

이륙한 지 한 시간이 채 안 된
9시 40분, 대통령 전용기는
평양 순안공항에 무사히 착륙했다
가장 멀게만 느껴졌던 그곳이
참 가깝다는 것을 여실히 보여주었다

이른 아침부터 순안공항에는

북쪽 지도자 내외와 수뇌부,
평양의 시민들이 함께 나와
남쪽 귀빈들을 기다리고 있었다

대한민국이란 글씨가 선명한
공군 1호기에서 내린 대통령
두 정상은 4월 27일
판문점에서의 첫 만남처럼
뜨겁게 포옹했다

그리고 이때부터 예전에는
볼 수 없던 광경이 벌어졌다
21발의 예포 발사와 함께
의장대장의 대통령 각하를 위해
도열했다는 구령으로 시작된
의장대 사열과 분열까지,
파격은 계속될 것임을 예고했다

두 정상이 나란히 탄 무개차가
평양시내로 달리는 도로변엔

한복과 정장을 차려입은 시민들이
육교 위까지 구름처럼 모여
한반도기와 꽃을 흔들며
열광적인 목소리로 환호했다

그들의 한결같은 외침은
조국통일과 평화번영이었다
남쪽의 대통령은 환영 나온
북쪽의 수많은 시민들을 향해
걸음을 멈추고 정중하게 답례를 한다

숙소는 백화원 영빈관이다
오찬과 휴식을 취한 후
오후 3시 45분, 두 정상은
김 위원장의 집무실이 있는
북의 심장부 노동당사에서 다시 만났다

북의 속살을 고스란히 드러내고
손님을 맞이한 것이다
한반도의 미래를 담보할

역사적인 정상회담이 시작되었다
핵심들만 참여한 회담이다

모두 발언으로 덕담이 이어진다
문 대통령이 먼저
"판문점의 봄이 평양의 가을이 됐다
우리는 다섯 달 만에 세 번을 만났다
8000만 겨레의 한가위 선물로
풍성한 결과를 남기자"

김 위원장도
"우리는 가까워졌다. 큰 성과는
남북관계와 조미관계의 개선인데
문 대통령의 노력 덕분에 이루어졌다"

두 시간여 동안 진행된
첫 정상회담은 5시 45분에 끝났다

그 외에도 각 분야의 다양한 만남과
평양대극장 삼지연 관현악단 공연 관람,

목란관 만찬까지 남북의 교류와
북의 환대는 늦은 밤까지 이어졌다

2018년 9월 19일 둘째 날

오늘은 이번 남북정상회담의
성패를 가르는 매우 중요한 날이다
어제에 이어 진행된 단독 정상회담
긴장되고 지루한 시간이 흐른다

어떤 합의문과 성명이 나올지
평양에서 워싱턴에서
서울의 프레스 센터에서
3,000여 명의 내외신 기자들이
촉각을 곤두세우고 기다린다

드디어 백화원 영빈관의 문이 열리고
다소 지치고 긴장된 모습의
정상들이 걸어나온다
합의하고 서명한 성명서를 교환한다

이른바 9.19 평양공동선언문이다

군사부문 합의서와
경제교류 협력증대
인도적인 협력강화
다양한 분야 협력교류 추진
한반도 비핵화 조속한 진전
김정은 위원장 서울방문 등
오랜 진통 끝에 나온
한반도 평화와 번영의 청사진이다

옥류관 오찬장에서 두 정상이
홀가분한 마음으로
평양냉면을 먹는다
영부인들과 남북의 인사들도
함께 어울려 환담이 이어진다
대동강과 여명거리,
그 밖의 평양의 명소를 둘러본다

둘째 날이 저물어가는 저녁

대통령과 대표단 일행은
대동강 수산물식당에서
주민들과 환담하며 만찬을 한다

대동강변 능라도 5.1경기장에는
15만 관중이 모였다
'빛나는 조국' 이란 주제의
대집단체조와 공연이 펼쳐진다
열기 가득한 군중들에게
김 위원장이 문 대통령을 소개한다

남쪽 대통령이 북쪽 지도자가
지켜보는 가운데 15만 군중들에게
사상 최초의 연설을 한다

"우리 민족은 강인하고 위대하다
우리는 5000년을 함께 살았고
70년을 헤어져 살았다
우리는 함께 살아야 한다
우리 민족은 평화를 사랑한다

나는 김 위원장과 함께
핵무기도 없고 핵위협도 없는
평화스런 한반도를 만들겠다"

감동적인 연설이 끝나자
15만 관중은 일어나 열광했다
5.1경기장은 함성으로 가득했다

2018년 9월 20일 셋째 날

평양에서의 마지막 날이다
새벽 4시,
예정에 없던 백두산을 가기 위해
숙소를 나온 방북단은 또 한 번
놀라운 사실을 발견했다

동이 트려면 아직도 멀었는데
순안공항으로 가는 길목마다
수만 명의 환송 인파가 나와
꽃을 흔들며 작별인사를 한다

도대체 이럴 수가 있는가
동도 트기 전 꼭두새벽이다
세계 어디에서도 그 유례를
찾아볼 수 없는 손님대접이다
오직 동방예의지국이라 일컫는
우리 민족만 할 수 있는 일이다

삼지연 공항까지는 공군2호기로 간다
대표단이 순안공항을 출발하여
삼지연 공항까지 걸린 시간은 한 시간
이곳에서도 환영인파는 여전했다

드디어 백두산 초입에 섰다
한민족의 뿌리, 백두산에 왔다
아! 당당히 우리 땅으로 오른다

200만 년의 신비를 간직한 성지,
백두산의 정상 천지를 향해 오른다
남북 정상과 대표단만 오르는 게 아니다
이 광경을 지켜보고 있는 한민족과

온 세계인들이 함께 오른다

우뚝 솟은 장군봉이 눈앞에 있다
백두산에서 제일 높다는 2750m
남북정상이 대표단들과 함께
케이블카를 타고 그곳을 향해 오른다

나무 한 그루 돌멩이 하나마다
전설이 깃든 성스러운 산을
조국통일의 꿈을 안고 오른다
저마다의 소망을 안고 오른다
하지만 마음속은 긴장으로 떨린다
과연 천지가 모습을 허락할 것인가
그 신비로움을 보여줄 것인가
아니면 아직 이르다고 미룰 것인가

드디어 오전 9시,
쾌청한 날씨와 함께 천지가 보인다
짙푸른 천지가 그 위용을 자랑한다
모두가 함께 환호한다

감격에 눈시울이 뜨거워진다

우리 민족의 영산 백두산!
우리 민족의 젖줄 천지!
남과 북이 하나 되어 오른 오늘,
조상님도 축복을 내려주었다

마음을 열어 가슴을 내어준 천지
조심스레 손을 내밀어 입을 맞춘다
모두가 천지에서 한마음이 된다
진도아리랑 가락 속에
환한 얼굴로 기록을 남기며
전설을 이야기한다

그리고 그들은 또 후손들을 위해
아름다운 전설을
만들어 내고 있었다
2018년 9월 18일에서 20일까지
2박 3일의 3차 평양남북정상회담
모든 일정을 마무리했다

4월의 봄에
판문점에서 씨앗을 뿌려
9월의 가을에
평양에서 열매를 거두었다
평양의 가을은 훈훈했고
평양의 두 정상 내외는 다정했다

평양의 손님대접은 극진했고
평화의 발걸음은 새털처럼 가벼웠다
백두산에서 한민족은 모처럼 행복했다

겨레의 발원지 천지에서
평화를 사랑하는 백의민족의 후예들이
세계를 향해 힘차게 소리쳤다
남북정상이 함께 맞잡은 손 높이 들어
우리는 하나임을 세계만방에 알렸다

- 2018년 戊戌年 9월 제3차 평양남북정상회담을 지켜보며 - 京山

나의 오랜 벗에게

벗이여, 나의 오랜 벗이여

2020년 경자년 새해가 밝았네
격동의 한반도에도 기운찬
아침 해가 솟아오르고 있네

벗이여, 그대는 아는가

굴곡진 역사의 문턱에서 태어나
굶주림과 질병으로 신음하던
지난 어린 시절을

포탄으로 황폐해진 산야를 헤매며
열매를 찾고
졸졸거리는 실개천에 엎드려
물고기를 더듬던
가난했지만 인정 넘치던
그때의 애환을 기억하는가

벗이여, 사랑하는 나의 벗이여

그대는 아는가

다정한 누이들이 하나 둘
꽥꽥거리는 완행열차에 실려
정든 고향을 떠나가고
학생들이 거리로 뛰쳐나와
그 독한 최루탄 연기에
피 같은 눈물을 쏟아내던
새벽을 여는 진통의 몸부림

그날의 혼돈을 기억하는가

벗이여, 아름다운 나의 벗이여

그대는 아는가

외로운 마라톤 주자처럼
쉼 없이 앞만 보고 달려온
지난 70년 세월 속에
흘린 피와 땀 헛되지 않아
자유와 민주
화려한 문화
풍요와 번영을 이만큼 이뤘거늘
무엇을 더 바라겠는가

하지만 벗이여

우리에겐 아직 못다 이룬 꿈이
남아있지 아니한가

휴전선 철책과 토막 난 국토
생이별 혈육 찾는 통한의 눈물
갈등으로 얼룩진 조각난 마음들
우리가 앞장서서
온전히 다스려야 하지 않겠는가

벗이여, 소중한 나의 벗이여
우리 손잡고 가자

우리의 조국을 위해
우리의 후손을 위해
우리가 손잡고 함께해야 할
소명이 눈앞에 있지 아니한가

분단을 통일로
이별을 상봉으로
분열을 통합으로
오롯이 이끌어야 하지 않겠는가

찬란한 동방의 등불을
다시 밝혀야 하지 않겠는가
진정 그래야 하지 않겠는가

벗이여, 나의 오랜 벗이여

- 2020년 庚子年 새해를 맞이하며

두물머리에 서서 · 1

남에서 올라온 물
북에서 내려온 물
자국도 없이 하나가 된다

연잎에 구르던
두 방울의 물도
하나가 되어 보석이 된다

제멋대로 놀던
오리 새끼들은
어미를 따라 집으로 간다

우리는 언제쯤에야
해찰을 멈추고
어깨동무하고 노래 부를까

- 2020년 庚子年 7월 13일 비 오는 두물머리에서

두물머리에 서서 · 2

동트기 전 두물머리의 풍광은
한 폭의 산수화다

물소리 바람소리도 침묵하는
수평의 저울이다

마음의 굴레 신음소리도 없는
자연의 맨얼굴이다

어둠을 뚫고 나온 붉은 해가
세상을 밝히면 그제서야

천지만물은 잠에서 깨어나고
두 줄기의 물도 한 길로 흐른다

- 2023년 癸卯年 10월 22일 동트는 새벽에

두물머리에 서서 · 3

물안개 가득한 두물머리에 서서
두 물줄기를 타고 올지도 모르는
희망의 엽서 한 장을 기다린다

만약 그리만 된다면
길을 잃고 방황하는 이 민족에게
얼마나 큰 축복이 되리

물은 저리도 쉽게 하나가 되어
강으로 바다로 향하는데
우리는 아직도 제 갈 길을 찾지 못하고

엄마 손을 놓쳐버린 미아들처럼
운행을 멈춰버린 황포돛배처럼
느티나무 둘레만 맴돌고 있으니

어찌 애달프다 아니하리

위대한 대한의 역사와 문화
어긋난 물줄기 바로잡는 그날까지

한마음 한뜻의 다물군 多勿軍이 되어

백두대간을 넘어 세계를 품어야 하리

– 2023년 癸卯年 8월 12일 안개 낀 두물머리에서

마니산 摩尼山

위로는 백두
아래로는 한라
국토의 중심축

한반도의 심장 마니산

역사의 고빗길마다
기로에 선 한민족
모성애로 품어 지킨

신령스러운 산 마니산

토막 난 국토
찢겨진 민족

아! 참성단에 엎드려
조국통일 홍익인간

- 단기 4356년 서기 2023년 癸卯年 3월 마니산에서

기다림

기다림은 설렘과 고통이다

만물은
기다림 속에 빛나고
기다림 속에 시든다

시간이 흐르면
무지개도 망부석도
스쳐가는 바람이지만

오늘
나의 기다림은
설렘이고 고통이다

꿈을 좇아
태산준령을 넘는 동반자다

- 2021년 辛丑年 10월 2일 통일을 기다리며

그녀와 합방할 날을 기다리며

이번엔 그녀가 정말로 삐진 것 같다

그동안 오랜 세월
가까운 이웃으로 지내오면서
아옹다옹 옥신각신 다투면서도
서로 오가며 할 말은 하고 지냈었다

걸핏하면 언성을 높이고
속마음을 다 내보이진 않았지만
그래도 한때는 미래를 설계하고
몇 차례 포옹도 하고 손가락도 걸었었다

그런데 이번엔 그녀가 예사롭지가 않다
정말로 삐져도 제대로 삐진 것 같다

그렇다고 해서
고귀한 사랑을 가볍게 포기할 수는 없다

진정으로 서로 사랑하고 있다면
아무리 시간이 걸리더라도

꾸준히 노력하며 기다릴 수밖에 없다

그녀는 물론이고 나 역시
그 방법 외엔 무슨 뾰족한 수가 있는 것도
아니고 이웃들의 응원을 기대하기도
어려운 처지이기에 그렇다

그렇게 각자 자성의 시간이 흐르다 보면

분명 언젠가는 오해도 풀릴 것이고
서로의 진정한 사랑을 확인하면서
우리가 뜨겁게 합방하게 될 날은
반드시 온다고 믿고 있으니까 말이다

- 2020년 庚子年 9월 19일 남북관계 복원을 바라며

비 오는 날의 축복

비 오는 날 하굣길
두 어린이가 가방을 둘러멘 채
우산 하나를 함께 쓰고
재잘거리며 걸어간다

비가 오는 것쯤이야
옷이 젖는 것쯤이야
대수롭지 않게 여기며

장난기 어린 모습으로 웃고 떠들며
유쾌하게 걸어가는
그들의 뒷모습이 믿음직스럽다

거침없는 순수한 행동
꾸밈없는 건강한 모습
총기어린 빛나는 눈동자

대한의 미래를 이끌어갈
동량지재가 바로 그들이요
통일한국의 주인공도 바로 그들이다

오늘 비록 비 내리는 날이지만
그들을 바라보는 내 마음은
가슴 벅차오르는 축복이요 희망이다

- 2023년 癸卯年 7월 15일 비 내리는 날 오후에

송년送年

또 한해가 저물고 있다
대자연의 순환은 어김이 없고

섣달 그믐날의 석양빛은
거북이가 재를 넘듯
느릿느릿 스러져 가고 있다

보람도 아쉬움도 뒤로하고
미련의 정마저 끊어버린 채

피보다 진한 노을이 되어
서쪽 하늘 서쪽 바다 위를
곱게 물들이며 떠나고 있다

아이야
저 해가 진다고 서러워마라

한밤 깊은 잠 꿈꾸고 나면
새벽을 알리는 종소리 들리고

동쪽 해역 동쪽 하늘 위로
희망의 붉은 해가 솟아오를지니

그때 우리는
함께 손잡고 동산에 올라
조국의 평화통일을 기원해 보자

- 2022년 12월 30일 壬寅年을 보내며

아! 내 겨레여! 한민족이여!!

아! 내 겨레여!! 한민족이여!!

그대 가슴 속엔 무슨 피가 흐르고 있는가
태극기를 나라의 상징으로
무궁화를 나라꽃으로 삼고
중요한 큰 일이 있을 때마다
약속이나 하듯 심장에 손을 얹고
애국가를 우렁차게 부르는 그대
오! 필승코리아를 목 놓아 외치는 그대는
과연 어디서 온 누구인가

세계에서 가장 오래 된 역사
일만 년의 세월을 면면이 이어온 우리 민족
누구도 감히 뛰어넘을 수 없는
찬란한 문화를 꽃피우고
홍익인간 이화세계를 제창하고
불의를 보고 눈 감지 않으며
평화를 사랑하는 정 많은 민족
그대는 자랑스러운 한민족이 아니던가

아! 내 겨레여!! 한민족이여!!

21세기 어지러운 혼돈의 시대에
우리가 나아갈 길을 바로 알고 있는가
외세에 의존하며 넋 놓고 있다가
우리의 광활한 터전을 남에게 빼앗기고
한반도마저 두 동강 난 지 80여 년

우리의 담 너머에는 여전히
거칠고 영악한 이웃들이
우리를 노리고 있음을 그대는 아는가

그들은 지금 이 시간에도
평화와 상생의 바른 길을 버리고
지구촌 편 가르기 살상무기 만들기
전쟁놀이 판짜기에 골몰하고 있는데

한 핏줄 한 형제인 우리가 어찌
남북으로 동서로 남녀노소로 분열된 채
세월만 보내서야 되겠는가

허점을 보여서야 되겠는가
할퀴고 싸워서야 되겠는가

아! 동포여! 내 겨레여! 한민족이여!!

지난 역사가 오늘의 우리들에게
피를 토하듯이 말해 주고 있노니
절대로 분열하지 마라
우리가 앞으로 나아갈 길은 단 하나

첫째도 둘째도 셋째도 오직
우리의 지혜를 모으고 또 모으고
우리의 힘을 합치고 또 합쳐서
화합과 대동단결의 길로 나아갈 뿐임을
뼛속 깊이 새기고 명심해야 할지니

- 2023년 癸卯年 5월 10일 한민족의 화합을 바라며

태극기와 무궁화

태극기를 보고 있노라면
무궁화가 떠오르고
무궁화를 보고 있노라면
태극기가 펄럭이고 있다

한민족의 혼이 담긴 태극기
한반도의 꿈이 담긴 무궁화
무궁화가 태극기고
태극기가 무궁화다

한반도 곳곳에 태극기가 펄럭이고
한반도 곳곳에 무궁화가 만발하는
평화통일의 그날까지

우리는 한마음 한 뜻으로
희망과 상생의 손을 놓지 말고
통일의 그 날을 꿈꾸어 보자

- 2023년 癸卯年 12월 5일 남산에 올라

문은 열고 담장은 허물고

한민족이 번영하는 길은
이미 정해져 있다

남과 북이 화합하고
함께 손잡고 가는 것이다

닫힌 문은 열어젖히고
폐쇄된 담장은 허물어야 한다

물도 고이면 썩기 마련이고
그리움도 오래 되면 병이 되듯이

감춰 둔 말도 토해내고
혼자 부르던 노래도 함께 부르며
통일을 향해 나아가야 한다

- 2024년 甲辰年 8월 15일 광복절을 맞아

새들아 말 좀 물어보자!

지난주에는
눈이 오고 난 다음날 비가 오더니
이번 주에는
비가 오고 난 다음날 눈이 내리네

눈 맞은 나무들은 모두가
하얀 모자를 썼네

이제 조금 있으면 나무들은
초록 모자를 썼다가
고운 색동모자로 바꾸어 쓰겠지

남과 북을 자유롭게 오가는
새들아 구름아 강물아
말 좀 물어보자

자연은 철따라 잘도 변하는데
휴전선 철조망은 어이하여
80년이 되도록 변할 줄을 모르느냐

- 2025년 乙巳年 1월 15일
임진각에서

꽃 피울 날이 멀지 않았네

봄이 빨리 안 온다고 서두르지 말게나

눈보라가 휘몰아칠 때
대나무 소나무는 푸른 잎이 더 돋보이고

계곡물살이 거셀수록
흰 바위와 조약돌은 보석처럼 반짝이며

대장간의 담금질이 길어지면 길수록
창칼은 더욱 강해진다네

봄이 빨리 안 온다고 불평하지 말게나

백두대간을 거쳐 광활한 만주벌판까지
꽃피울 날이 멀지 않았네

- 2025년 乙巳年 2월 15일 한민족의 봄을 기다리며

마음의 통로를 열어

차를 타고 가다 보면
우리나라 어디를 가나
도로가 시원하게 뚫려 있다
거대한 산은 터널로 열리고
강과 개천은 다리로 이어져
사방팔방으로 곧게 뻗어 있다

하지만 세계가 경탄하는
우리의 첨단기술로도 안 되는
장애물 두 가지가 있다
동서로는 지역의 장벽이
남북으로는 이념의 철벽이
굳건히 가로막고 있다

세계의 일등국가가 되려면
동서의 장벽을 제거하고
남북의 철벽을 허물어야 한다
부드러움으로 강함을 녹여
마음의 통로를 여는 것만이
대한민국의 나아갈 길이다

- 2025년 乙巳年 7월 7일
  고속도로를 달리며

그래도 후회는 없다

어렸을 적 여름날 밤 마당에 누워
수많은 별들을 올려다보면서
밤새도록 공상의 대화를 나누기도 했고

하얀 도화지를 더럽히는 것이 싫어서
색종이에 그림을 그려내
선생님한테 야단을 맞은 적도 있고

물줄기가 거센 개천을 기어코
혼자 건너가겠다고 막무가내로 떼를 써
어른들의 애를 먹인 적도 있었으며

열 한두 살 무렵엔 모험심을 기르기 위해
마을에서 떨어진 산기슭에 있는
묘지 사이에 누워서 자고 온 적도 있었다

성인이 되어서도 그 버릇은 여전하여
세계일주와 금강산 백두산을 비롯한
알프스와 히말라야 등정을 꿈꾸었으며

내 생애에 한반도 통일을 이루고
고조선 고구려 발해의 영토를
되찾아야겠다고 야심을 품었으나

지금에 와서 생각해 보니 매번
성공확률이 적은 것들만 택했던 것 같다

하지만 지금 이 시간에도
나의 그 같은 초심에는 변함이 없고

후손들 중에 그 누군가가
나의 꿈을 반드시 이루어 줄 것을 믿으며
나의 인생 여정에 그래도 후회는 없다

- 2025년 乙巳年 8월 15일 광복80주년에

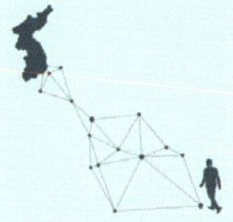

京山 민주평화통일 서사시집
우리는 하나

3부

평화

— 그대 평화를 원하는가

회한 悔恨

수려한 내 강토가 반허리로 잘렸는데

이 핑계 저 구실로 세월만 가는구나

언제야 하나 된 통일조국 이루어서

광활한 만주벌판 천리마로 달려보리

- 2010년 庚寅年 남북의 오랜 대치상황을 보며

독도야!

독도야! 잘 있느냐
우리 대한인은
오늘도 네 이름을 부른다
외로움에 지쳐 잠들까 봐
네 이름을 불러 깨운다

독도야!
사랑하는 독도야!
졸리거든 휘파람을 불고
외로움이 밀려오면
너를 탐하는 무리의
날선 발톱을 생각하라

갈매기 벗을 삼고
거센 파도 자장가 삼아
의연하고 당당하게
한반도를 지키는
불퇴전의 용사가 되어라

- 2010년 庚寅年 6월 15일 독도를 다녀와서

비상구

칠흑의 어둠속 미로에서
한줄기 빛을 찾아나선 사람들

눈앞에 보이는 건 고작
신기루의 화려한 허상뿐인데

오늘도 희망의 불빛을 찾아서
미망 속을 헤매고 있다

평화의 등불 환하게 밝혀줄
비상구는 진정 있기나 하는지

- 2014년 甲午年 10월 15일 국제정치의 난맥상을 보며

운무雲霧와 한반도

자욱한 운무가 시야를 가려
수려한 산과 물이 자취를 감췄으니
눈앞에 펼쳐진 모습이
미망 속을 헤매는 한반도를 닮았네

주사위처럼 던져진 소명을 앞에 놓고
남북동포 하나 되어
뜻 모으고 기를 모아
얼씨구절씨구 소리 한 번 지르고 나니

운무도 거치고
혼돈도 사라지고
산은 산대로 물은 물대로
산수화 한 폭이 제 모습을 찾았네

면면히 이어온 우리 조국 우리 역사
아직 갈 길은 멀었으나
화해의 손 마주잡고
미래를 향해 걷다 보면
통일된 광활한 대한이 현실로 나타나리

- 2016년 2월 13일
  민주평화통일자문회의에서
  북한주민들과 함께
  청평호의 운무를 바라보며

불장난

한 날도 거르지 않고
태고의 고요를 꿈꾸며
정적 속에 숨어
들숨 날숨 한 호흡 한 호흡을

이 겨레의 깊은 상처
아물 날만 기다리며
무던히도 속 태우던
휴전선 비무장지대

어느 날 갑자기
적막은 깨지고 불꽃이 인다

그나마 생기를 찾아가던
선하고 선한 민초들과
연하고 연한 수목들이
폭음에 놀라 울부짖는 그 순간

아물어 가던 상처에선
실밥이 터지고

선혈이 배어나오고
간신히 돋아나던 새살마저
뭉개져 버렸으니

또 얼마나 긴 세월을
기다려야 하는가
그 고요, 그 평화의 날을—

- 2015년 乙未年 8월 21일. 목함지뢰 폭발로 인한 남북의 비상사태를 보며

덧난 상처

애석하고 안타깝다
아물어가던 상처가 또 덧나고 말았다
오래 전 이웃들의 망나니 칼춤에
어미가 허리를 베인 지 70여 년

생살이 찢겨진 자리를 꿰매어
원래의 모습을 만들어보려고
자식들이 그 오랜 세월을 헤매고 헤매다
찾아낸 묘약이 있었으니

그 이름 '개성공업단지'

반목하던 형제가 어미의 병을 고쳐보자고
모처럼 뜻을 모았는데
이 약은 쓰면 안 된다며 한 첩 두 첩
쓰던 약을 한순간에 쏟아버리고
극약처방을 내렸으니
겨우 새살이 돋던 상처가 덧나고 말았다

그리고 등 돌려 형제들은 또 싸운다

한쪽에선 그 약을 쓴 게 잘못이라고 하고
다른 쪽에선 완치를 위해
그 약을 더 많이 써야 된다고 한다

형제들 먹살잡이에
어미의 상처는 점점 커져가고 있는데
더 깊게 패인 덧난 상처를 낫게 할
처방은 보이지 않고
덧난 상처를 끌어안고 어미가 울고 있다

- 2016년 丙申年 2월 10일 개성공단 중단소식을 접하고

평화 平和

평화를 원한다면
욕심부터 버리라
그것이 비록
생각뿐일지라도

평화를 말하려면
무기부터 버려라
그것이 비록
장난감일지라도

- 2016년 丙申年 3월 25일 지구촌의 테러광풍을 보며

지구地球 사랑

인류의 영원한 안식을 위해

오만도 내려놓고
허울도 벗어놓고
원시로 돌아가 지구를 품자

한 걸음만 더 가까이서 지구를 보자
그 냄새를 맡자
그 소리를 듣자

오염된 산천 상처 난 수목
어루만지며 엎드려 기도하자

다 함께
지구를 가슴에 품고
들숨 날숨 장단을 맞추자

그리하면 인류의 평화가 오리니

- 2017년 丁酉年 9월 9일 강원도 평창 네발걷기에서

6월의 약속

밤꽃 향기 진하게 풍겨오는
깊은 산, 골짜기에서
꽃 같은 젊은 넋
임의 피어린 자취를 더듬어봅니다

오래된 편지를 발견했을 때처럼
찡한 마음으로 손 놓고 앉아
한나절이 지나고 하루해가 저물도록
그리했습니다

임께서 가신 길
임께서 남긴 말
임의 그 뜨거웠던 사랑까지도
허공에 그려보지만

창포물에 머리감은 새댁처럼
청순하고 아름다운 산하와
유리알처럼 투명한 하늘빛에
귀먹고 눈멀어서
임에 대한 희미한 기억마저 사라졌습니다

임이여~ 미안합니다
임이여~ 용서하소서

편히 잠드시라는 위로의 말은
선명한 기억 되살리는 날에
다시 찾아와 고하겠습니다

- 2016년 丙申年 6월 6일 현충일에

새해 첫날

새해 첫날 아침
마을 뒷산에 오르니
동쪽 하늘로부터
희망의 빛 여명黎明이 밝아온다

포근한 날씨 탓인가
산까치와 청설모가 서로를 희롱하며
천상소식 지상소식 다투어 전하고
사람들의 새해 덕담 넉넉하고 다정하다

산정상의 기氣를 받아 새해 소망 빌어본다
세계 평화도 기원하고
한반도 통일과 민족의 화합과
가족의 안녕을 지성으로 빌어본다

힘차게 솟아오른 태양도
귓불을 스쳐가는 바람도
신령스런 바위와 각양각색 초목들도
나의 기원에 반색하며 화답한다

만나는 사람 하나같이
눈동자는 반짝이고 얼굴은 밝아지며
가슴속까지 훈훈해지는 새해의 첫날이다

- 2017년 丁酉年 1월 1일 새해 아침에

달집태우기

달집이 타오른다
달집이 타오른다

환하게 미소 짓는 둥근 보름달 아래
달집이 타오른다
아름다운 달집이 꽃처럼 타오른다

한민족의 염원을 안고 활활 타오른다
강강수월래 가락에 맞추어 덩실덩실 타오른다
농악놀이 장단에 맞추어 흥겹게 타오른다

간절한 소원을 담은 사연들을
한아름 가득 품고 하늘 높이 솟아오른다

삼천리 방방곡곡 한날 한시
옹기종기 겹겹이 둘러서서 한마음으로 기도한다

배달겨레 백의민족이
남녀노소 하나 되어 경건한 마음으로 기원한다

가족건강 조국통일 세계평화 기원하고
모든 재앙 없게 해달라고 두 손 모아 기원한다

달집이 불꽃 되어 하늘에 닿을 때까지
한마음 한뜻으로 기원한다

- 2017년 丁酉年 2월 11일 대보름날 밤에

사냥놀이

그들에게 사냥이
본업이 된 지는 오래되었다
그들은 죄업을 모른다
그들의 악행을 제어할 장치는
그 어디에도 보이지 않는다
다만 무거운 체념만이 있을 뿐이다

오늘도 그들은 피 냄새가 그립다
그럴듯한 판을 벌려놓고
앞에서는 고결을 내세우며
뒤에선 잔인한 사냥질이 한창이다

풀포기는 고사하고
이끼 하나 없는 허허벌판
햇볕이 쨍쨍 내리쬐는
모래사장이 그들의 사냥터가 된다

회심의 미소를 지으며
익숙한 솜씨로 침 묻은 방아쇠를 당긴다
약한 족속들이 믿는 건

암흑 속 기도밖에 없다

그런데
하늘도 외면하고 구원자도 잠들고 말았다
정의의 사도도 눈멀고 귀먹고 말았다

아! 평화여! 인류의 평화여!

  - 2017년 丁酉年 4월 15일 전쟁광들의 횡포를 보며

그대여! 평화를 원하는가

그대여,
그대는 진정 평화를 원하는가
진정으로 그러하다면
평화라는 말을 함부로 하지 마라
평화라는 말은 이 세상에서 가장 위대한 말이다
평화라는 말은 인류가 단 한 번도 놓지 않았으나
단 한 번도 도달하지 못한 미증유의 말이다

그러기에 아무나 쉽게 할 수 있는 말이 아니다
그것을 이룰 수 있는 자만이 할 수 있는 말이다
그것을 누릴 수 있는 자만이 할 수 있는 말이다

평화라는 말을 함부로 쓰지 마라
지금 이 시간에도 세계는 전쟁 중이다
세계 곳곳에서 전쟁의 광풍은 지구를 할퀴고
증오를 키우고 인류유산을 파괴하고 있다

청년들이 전선으로 내몰려 붉은 피를 흘리고 있다
여인들의 가슴에 서릿발보다 찬 한이 쌓이고 있다
아이들이 길거리에서 굶주려 시들어 가고 있다

평화를 말하려면 먼저 사람을 생각하라
사람들이 왜 전쟁으로 죽어가고 있는가
수백 만 난민들이 무슨 잘못이 있어 떠돌고 있는가

강자들이여,
진정으로 대답하라
누구를 위해 평화를 내세우고 있는가
무엇을 위해 평화를 포장하고 있는가
첨단무기가 많아지면 평화가 오는가

살생무기로 무엇을 얻으려 하는가
평화의 진정한 의미를 알고나 있는가

인류 상생의 숭고한 정신과 신념과 의지
이를 당장 실행할 수 있는 용기와 결단이 없다면
지구촌 지구가족이라 함부로 말하지 마라

인종도 이념도 종교마저도 구별이 없는
태양 아래 온전히 벌거벗은 맨몸이 되어
세상 사람이 똑같은 한 사람으로 보이게 될 때

그때가 되면
우리 함께 평화를 이야기하자
우리는 하나이고 우리는 지구가족이라고

- 단기 4350년, 서기 2017년 丁酉年 10월 10일 온 누리에 평화와 상생
 이 깃들기를 기원하며

새 역사를 꿈꾸며

여명黎明이 밝아오는 새해 아침
뜰 앞에 서서 그 찬란함을 맞는다
성큼성큼 거침없이 다가오는
귀한 손님 어찌 맞이해야 할지
마음은 설레고 맥박脈搏은 요동친다

엄동嚴冬의 설한풍雪寒風을 헤치며
한반도를 찾아온 새 손님에게
따뜻한 차 한잔 대접할
겨를도 없이 손부터 불쑥 내민다

오랜 세월 찌든 숯덩이 된 가슴
염치廉恥도 내려놓고
체면體面도 접어둔 채
서둘러 소원所願의 촛불부터 밝힌다
자유와 평화, 평등과 박애,
소통과 화합, 웃음과 희망,
주마등走馬燈처럼 스쳐가는 단어들만
머릿속을 맴돌 뿐
입술은 천근千斤같이 무겁다

새가 하늘로 비상飛上하며 노래한다
바람도 다가와 명쾌明快하게 말한다

머뭇거리지 마라. 망설이지 마라
휴전선 푯말도 뽑아버리고
임진강 물길도 열어젖히고
백두대간에 새 길을 만들어
대륙으로 해양으로 내달리라고 한다

거룩한 '홍익인간弘益人間' 하나만
오롯이 가슴에 품으라 한다

동포여! 겨레여!
우리 함께 꿈을 꾸자
해가 중천中天에 떠오르고
둥근 보름달이 차오를 때까지
마음의 빗장 풀고 빌어보자

南과 北이 손 맞잡고
한반도 새 역사 다시 쓰게 해달라고

부디 팔천 만이 하나 되어
평화민족平和民族 꿈 이루게 해달라고
간절히 기원祈願하자

- 단기 4352년 서기 2019년 己亥年 元旦에 - 京山

비상飛翔의 꿈

꿈을 꾸자. 날아오르는 꿈을 꾸자
우리 모두 하나 되어
미래로 비상하는 꿈을 꾸자

너와 내가 손잡고 훨훨 날아서
백두산 꼭대기 천지에 오르는 꿈
나와 네가 껴안고 훨훨 날아서
금강산 꼭대기 비로봉에 오르는 꿈

한반도 평화통일의 꿈을 꾸자

고단한 먼 길 혼자서는 힘들어도
우리가 함께 간다면
너와 내가 양 날개 활짝 펼친다면

솜털처럼 가벼운 바람이 되고
새털처럼 가벼운 구름이 되어

금강산 백두산도 훨훨 날아서
만주벌판 돌아서 히말라야 지나서

알프스 산맥도 넘을 수 있을 거야

우리 한 번 꿈꾸어 보자
우리 함께 손잡고 도전해 보자
우리 민족의 희망찬 미래를 위해
비상의 꿈을 꾸어보자

- 2019년 己亥年 8월 15일 광복 74주년을 맞아

언제라도 그렇게

아주 오랜 시간이 흐르고
사람도 수없이 바뀌고
역사의 물줄기 거셀지라도

백두산은 그 자리에
한라산도 그 자리에
천지와 백록담 마르지 않으리

세월이 가고 상황도 변하고
시대의 흐름에 따라
생각은 조금씩 다를지라도

한강에서 부르고
대동강에서 답하는
사랑노래는 멈추지 않으리

어둠 걷히고 아침을 맞아
우리 예전처럼 한마음으로
기름진 땅에 씨앗 뿌릴 때

파란 하늘엔 뭉게구름이
산과 들엔 풀꽃들이
언제라도 그렇게 피어 있으리

- 2020년 庚子年 5월 15일 화창한 봄날에

동지팥죽을 먹으며

동지팥죽 투박한 사발 속에는
수천 년 동안 묵히고 묵혀 온
우리 민족의 따스한 정이 서려 있고

동지팥죽의 새알심 속에는
면면히 힘겹게 이어온
대한인의 질기고 질긴 끈기가 박혀 있다

동지팥죽 한 순갈 떠먹으며
선열들의 고귀한 뜻 가슴에 새기고

동지팥죽 또 한 술 뜨며
홍익인간 화합의 그림을 그려보자

동짓날 밤 그 기나긴 밤을
쉬 잠들지 말고 다함께 깨어 일어나

반 토막 나서 피울음 울고 있는
우리 조국 우리 민족의
대통합 대약진의 길을 찾아보자

- 2020년 庚子年 12월 22일
  동짓날 아침에

재회 再會

한 무리의 새들이
빌딩 숲 사이로
멋지게 비행하고 사라진다
나의 아쉬움을 알았는지
잠시 후 다시 한번 나타나
보란 듯이 묘기를 부린다

아! 나의 그리운 사람도
이렇듯 다시 한번 나타나
잠시라도 보여줄 수 있다면
정녕 그럴 수만 있다면
내 가슴은 축복으로
벅차오르리

- 2020년 庚子年 11월 5일. 남북이산가족을 생각하며

그날

비가 내린다
삼일절에 비가 내린다

초봄에 주룩주룩 내리는
줄기찬 빗소리가
그날의 함성처럼 들린다

뜰에 나가 비를 맞는다

눈가에 맺혀 있는 빗방울 속에
그날의 선열들이 보인다

태극기 물결 속에
대한독립만세 소리 들린다

- 2021년 辛丑年 3월 1일 삼일절 아침에

평화의 길

평화의 길을 여는 것은
그리 거창한 것이 아니다

제 분수를 지키고
남의 것을 탐내지 않으며

약자를 도우면서
협력하고 공생하는 것이다

대화의 장벽을 쌓지 말고
소통의 교량을 놓는 것이다

개인도 사회도 국가도
그리하면 되는 것이다

- 2022년 壬寅年 10월 12일 국제분쟁과 갈등을 보며

월드컵 평화

4년 주기로 돌아오는
지구촌의 축제 월드컵
작은 공 하나의 향방에 따라
전 세계가 환호와 열광으로 들썩인다

월드컵은 지역 예선부터
치열한 전쟁이다
32강에 올라가도
조별리그의 관문을 통과해야 하고
16강전, 8강전, 4강전, 결승전까지
한 치도 양보할 수 없는
오로지 승리를 위한 전쟁이요
최강을 향한 투쟁이다

그런데 우리는
이 전쟁을 축제라고 부른다
이 기간에는 인종도 종교도 이념도
초월해 세계가 하나가 된다
공을 따라 사투를 벌이고도
승자는 패자를 위로하고

패자는 승자를 인정한다

왜일까
그 힘의 원천은 질서와 공정이다
세계인들이 합의한 질서에 따르고
공정을 생명처럼 지키기 때문이다
이것이 월드컵의 위력이고
월드컵이 우리에게 주는 진정한 평화다

- 2022년 壬寅年 12월 10일 월드컵 경기를 즐기며

투쟁鬪爭의 역사

러시아와 우크라이나가 싸운다
하마스와 이스라엘도 싸운다
북극해에서 남중국해에서
미얀마에서 아프리카에서도 싸운다

민족과 종교 때문에 싸우고
이념과 자원 때문에 싸우고
최강자가 되기 위해 싸운다

칼과 창과 활 대신 총을 쏘고
탱크가 내달리고 로켓과 드론이 날고
미사일과 핵폭탄이 쌓여 간다
사람들이 죽어 가고 건물이 무너진다

그래도 싸운다. 계속 싸운다
어제도 싸우고 오늘도 싸우고
내일도 또 으르렁대며 싸울 것이다

누가 옳고 누가 그른지 그런 것은
별로 중요하지 않다

알려고 하지도 않는다
모두가 내가 옳다고 주장하며
오직 승리를 위해 돌진할 뿐이다

다른 한쪽에서는 벌써부터
또 다른 싸움판을 벌이기 위해
눈을 번득이며 준비운동을 하고 있다

싸움을 말리는 사람은 없고
서로 편을 나누고 부추기며 몸집을 키워
더 큰 싸움판을 벌이려고 한다

지구가 연일 흙먼지와 연기에 휩싸인다
청년들이 붉은 피를 흘리며 쓰러진다
어린이와 여인들이 울부짖는다
노인들이 땅을 치며 통곡한다

그래도 또 싸운다. 계속 싸운다

탐욕의 씨앗은 날이 갈수록 기승을 부리고

뱀의 혓바닥처럼 살아서 날름거린다
그들의 싸움판은 아직 끝나지 않았다

이 추악한 악의 집합체 전쟁의 광풍
인류의 갈등과 투쟁의 역사
과연 그 끝은 언제인가

- 2023년 癸卯年 11월 30일 지구촌 갈등을 보며

설날

긴 세월 뿌리 내린 나무 한 그루
올해도 변함없이
제자리를 지키고 있네

세차게 몰아치는 궂은 비바람과
차디찬 눈보라를 맞으면서도

꺼지지 않는 촛불처럼
깜깜한 밤길 등불처럼
성황당 고개 장승처럼
용케도 잘 버티고 서있네

오늘도 이른 아침 까치가 날아와
반갑게 인사를 하네
올해도 복 많이 받으세요

세월은 흘러가도 그 나무에는
가지들 이파리들 하나가 되어
희망찬 축복의 노래 함께 부르네

- 2024년 甲辰年 2월 10일
  설날 아침에

서두름과 느긋함

떠나는 차를 타려고 서두르다
발목을 삐어 후회를 하고

느긋한 마음으로 꾀를 부리다
천금 같은 기회를 잃는다

무리한 서두름도
지나친 느긋함도
후회를 남기는 건 마찬가지다

절제節制 있는 서두름
계획計劃 있는 느긋함으로

인생살이의 파고를
지혜롭게 넘어야 후회가 없다

- 2024년 甲辰年 2월 18일 삼각산에서

삶의 가치

사람들의 삶에서

희망은 각기 달라도
그 가치는 다르지 않다

직무는 서로 달라도
그 책임은 다르지 않다

환경과 피부색은 달라도
그 사랑은 다르지 않다

능력의 수준은 달라도
그 권리는 다르지 않다

삶의 가치는 똑같다

- 2024년 甲辰年 10월 10일 명상을 하며

공감共感과 공존共存

상대방이 옳은 말을 했을 때
그 말이 맞다, 와
그걸 말이라고 하냐, 는
하늘과 땅만큼이나 차이가 있다

서로 공감과 호응을 하게 되면
두 사람 다 기분이 좋아지고
하는 일도 훨씬 수월해지지만

서로 비난을 하게 되면
그 순간 일은 동력을 잃게 되고
갈등의 나락으로 떨어지게 된다

다른 사람들 다 밀어내고
혼자 달려서 일등을 한들
아흔아홉 석을 가진 부자가
한 석 가진 사람 것을 빼앗아 본들
무슨 재미가 있으며
무슨 살맛이 있으랴

허탈감에 젖어 후회할 것이고
고립의 외로움에 시달릴지니

갈등과 파멸을 자초하는
대립과 고립의 길을 버리고
공감과 공존의 길을 찾아
번영과 평화의 길로 나아가야 하리

- 2024년 甲辰年 6월 20일 평화를 기원하며

자유自由와 평화平和

공원 긴 의자에 앉아 있는 나를
까치 한 마리가 다가와 쳐다본다
나도 까치를 응시한다
두 눈빛이 마주치며 교감한다

그뿐이다

까치는 내 앞에서 아무런 경계심 없이
한가로이 걸으며 먹이를 찾고 있다

나도 까치를 방해할 생각이 전혀 없다
그저 편안한 마음으로 바라볼 뿐이다

참으로 자유롭고 평화롭다

내가 어디서 왔고
까치가 어디서 왔는지 둘 다 모른다
중요한 것은
이 시간을 함께하고 있다는 것이다

상대가 어떤 부류이건 상관없이
있는 그대로 바라보는 것
서로가 해할 마음 없이 존중하는 것
하는 일들이 서로에게 도움이 되는 것

이것이 참 자유이고 참 평화의 길이다

- 2024년 甲辰年 10월 3일 개천절에 어린이대공원에서

순리順理의 변辯

불을 잘 다스리지 못하면
화마가 덮치고

물길을 거스르게 되면
수해가 닥치고

민심을 헤아리지 못하면
정권이 붕괴되고

역사의 교훈을 망각하면
국가의 존망이 위태롭고

자연의 섭리를 외면하면
인류의 생존이 불안해진다

- 2024년 甲辰年 12월 30일 세모에

순환循環의 도道

오늘도 여전히
창공의 구름은 순회하고
강물은 흐르도다

계절은 여전히 변하며
낮과 밤은 바뀌고
꽃은 피고지도다

사람들도 여전히
그 속에서 나고 가건만
탐착을 떨치지 못하도다

- 2024년 甲辰年 12월 31일 한 해를 보내며

아수라장 阿修羅場

새해 새날이 밝았는데도
세상은 어찌하여
화합和合할 줄 모르고
아수라장이 되어 가는가

평화 대신 전쟁의 기운만 감돌고
공정과 상식이 무너져 버린 정치
늑대소년이 되어 가는 언론
지식 축적에만 열 올리는 교육
비난과 조롱만 난무하는 사회
역류의 물줄기에 휩쓸려 가는 세태
기울어진 운동장을 돌고 있는 국민

변함없이 믿을 수 있는
대화의 상대라곤 오직
산꼭대기 바위와
귓가에 스치는 바람 소리뿐이구나

- 2024년 甲辰年 1월 10일 도봉산에 올라

인생의 길

이른 아침 해가 뜰 때
신발끈 동여매고
야심차게 출발했네

도중에 유혹이 많아
해찰을 하느라고
오랜 세월 방황했네

석양이 되어서야
앞에 놓인 저 고개를
넘을까 말까 망설이네

– 2025년 乙巳年 1월 30일 삶을 회상하며

인생유전 人生流轉

눈 깜짝할 사이에
한줌 흙으로 돌아가는
초로와 같은 인생길에
참 사연이 많기도 하다

지나고 보면
모두가 다 부질없는 일인데
거쳐 온 발자국마다
심각했던 흔적이 서려 있다

단 꿀 같은 환희도
소태 같은 고통도
이미 정해진 길이었으니
누구라도 피할 길이 없다

다만 잠시라도
그 당연한 이치를
알아차리게 되었다면
그나마 다행스런 일이다

— 2025년 乙巳年 2월 10일
서재에서 명상을 하며

오늘과 내일

막 잠자리에 들었을 때
갑자기 좋은 시상이 떠올랐는데
내일 아침에 쓰리라 생각했다

아침이 되니 그 감정이
온데간데없이 사라져 버렸다

내일은 사랑한다고 말하리라
내일부터는 해로운 것을 끊으리라
내일은 부모님을 꼭 찾아보리라

생각하고 다짐했거든
내일로 미루지 말고 오늘 당장 행하라

오늘이란
손 안에 들고 있는 보석과 같아서
가꾸고 닦을수록 빛을 발하지만

내일이란
변화무쌍한 신기루와 같아서
어찌 될지 그 실체를 믿을 수 없나니

— 2025년 乙巳年 3월 31일
3월을 보내며

석계역과 월계역 사이

대보름날 밤 1호선 전철을 탔는데
석계역에서 내려야 할 것을
월계역까지 두 정거장을 더 와버렸다

중간역인 광운대역 표지판을 빤히 보고도
다른 생각에 몰두하느라
아무렇지도 않게 그냥 지나치고 말았다

이제 다시 석계역으로 되돌아가서
6호선으로 환승을 하고 태릉입구역에서
또 7호선으로 갈아타야 한다

심란한 마음으로 차에서 나오는데
환한 정월 대보름달이 휘영청 높이 떠 있다

오호라
저 달이 나를 월계역으로 이끌었구나
달하고 놀려면 아무래도
석계역보다는 월계역이 더 제격이겠지

그래 심란할 것 하나도 없다
이왕 이렇게 월계역까지 와버렸으니

달을 벗 삼아 놀기를 좋아하는
이태백도 부르고 베토벤도 부르고
가수 김부자 윤석중 시인까지 합세해서
저 달과 함께 한바탕 흐드러지게 놀아보자

인생이 뭐 별것이더냐
조금 빠르거나 조금 느리거나
어차피 석계역과 월계역 사이가 아니더냐

- 2025년 乙巳年 2월 12일 대보름날 밤 월계역에서

고향무정 故鄕無情

고향이 그리워서 찾아갔더니
내가 떠난 그 세월만큼
고향도 나를 기다리다가 지쳐서
무정하게 돌아서 버렸네

동화 속 마을은 두 쪽으로 갈라져
반쪽은 치즈단지가 되어
카우보이가 마차를 몰고

반쪽 남은 추억 속 마을은
지난 세월의 퍼즐을 맞추어 보려고
애를 쓰고 있네

탁 트인 문전옥답에서
밤새도록 우렁차게 들려오던
개구리 울음소리는 전설이 되고

이젠 아무도 나를 알아보지 못하는데

마을회관 앞 정자나무만

나를 반기며
내 등을 타고 놀던 개구쟁이가
백발이 되었다고 놀리는 것 같네

- 2025년 乙巳年 3월 16일 고향을 찾던 날

내가 여든 살이 되었을 때

내가 여든 살이 되었을 때
결혼 오십 주년이 된 아내와 함께
노을이 아름다운 해변을
손을 잡고 한가롭게 걸어 보고 싶다

내가 여든 살이 되었을 때
오랜 친구들과 나무탁자 위에
막걸리 한 사발 가득 채워 놓고
지나간 이야기를 나누며 웃고 싶다

내가 여든 살이 되었을 때
일주일에 한 번은 고운 시를 써서
나를 알아보는 사람들과
내가 기억하는 이들에게 보내주고 싶다

내가 여든 살이 되었을 때
책상 위에는 책 두세 권
옷장에는 옷 두세 벌
식탁도 간소하게 홀가분해지고 싶다

그리고
내가 여든 살이 되었을 때는
남북의 왕래가 활발하게 이루어지고
세계는 전쟁 없는 평화가 깃들어
인류가 행복해졌으면 좋겠다

- 2025년 乙巳年 4월 15일 지난 세월을 회고하며

창덕궁 후원秘苑

아름다워라
평화로워라

달 밝은 밤
창가에 비친 여인의 몸매처럼
신비로워라

눈길 가는 곳마다
발길 닿는 곳마다
계절이 바뀔 때마다

팔색조처럼 변하는 풍광
전각과 수목들이 품고 있는
그 격조格調와 정적靜寂의 무게

천만 도시의 번잡함과
21세기 과학문명을
한순간에 떨쳐 버리고

오랜 역사의 숨결과 흔적을 찾아
오늘의 나를 성찰케 하는
자연학습의 전당이어라

- 2025년 乙巳年 7월 11일
  비원秘苑에서

마음

하루에도 시시각각
천 갈래 만 갈래로 작동하는

방향도 깊이도 알 수 없고
실체도 그림자도 보이지 않는

마음 한 점을

제자리에 머물 수 있도록
곱게 다잡는 일이

불완전한 인간으로 태어난
평생의 과제이다

- 2025년 乙巳年 5월 30일 아침에

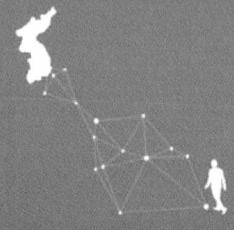

효山 민주평화통일 서사시집
우리는 하나

4부

통일의 노래

— 우리는 하나다

8천만의 통일의 노래 (당선작)
– 통일 코리아

동방의 밝은 빛 하나 코리아
그 등불 다시 켠 8천만 한겨레
자유와 평화 함께 누리며
우리 함께 손잡고 미래로 달리자
가슴을 활짝 열고 미래를 보라
어려움 이겨낸 기적의 나라
머리를 들어 하늘을 보라
하나 된 한반도 세계를 이끈다
8천만의 빛나는 통일 코리아

동방의 밝은 빛 하나 코리아
그 등불 다시 켠 8천만 한겨레
자유와 평화 함께 누리며
우리 함께 손잡고 미래로 달리자
가슴을 활짝 열고 미래를 보라
어려움 이겨낸 기적의 나라
머리를 들어 하늘을 보라
한라 백두, 백두 한라 동맥이 흐르면
8천만의 빛나는 통일 코리아

가슴을 활짝 열고 미래를 보라
어려움 이겨낸 기적의 나라
머리를 들어 하늘을 보라
한라 백두, 백두 한라 동맥이 흐르면
8천만의 빛나는 통일 코리아

- 작사: 태종호, 작곡: 김도훈, 노래: 이홍기(ft이일랜드)
2015년 8월 14일 광복 70주년 기념으로 파주 임진각에 자리한 평화
누리공원에서 거행된 광복절 전야제 행사에서 처음 소개됨

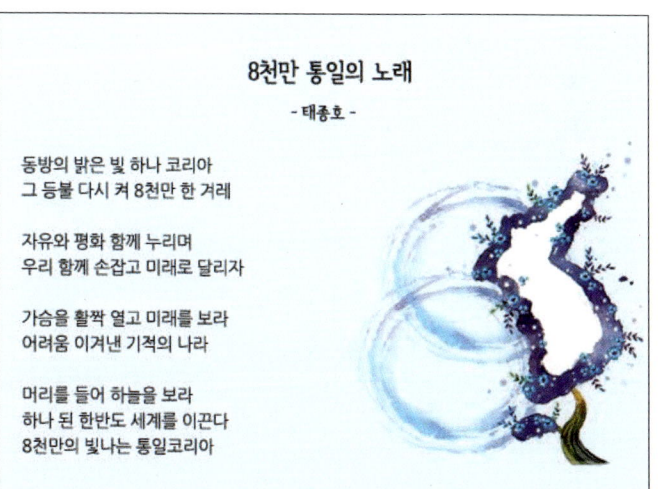

통일이 되니 참 좋구나

오늘은 우리 생애 최고의 날이야
그렇게도 원하던 통일이 되었어
이제 우리는 완전한 자주독립국가가 된 거야
세계에서 네 번째로 선진강국의 상징인
30-80클럽에도 가입을 했어

그리고 이제 우리는 섬나라가 아니야
광활한 대륙이 우리 눈앞에 있어
우리는 이제 부산에서 기차를 타고 평양을 거쳐
시베리아 횡단열차로 모스크바를 거쳐 유럽까지
거침없이 단숨에 갈 수가 있어

아시아를 넘어 전 세계를 향해
우리의 국력이 뻗어 나가는 거야
DMZ 평화공원에 있는 유엔평화센터를 중심으로
홍익인간 정신을 세계에 전파해서
전쟁이 없는 평화로운 지구촌을 만드는 거야

그뿐이 아니야
우리의 일상도 이렇게 바뀌었어

남쪽에 사는 사람들의 아침인사를 들어봐
아버지 다녀오겠습니다. 어딜 가는데
네, 신의주에 출장 갑니다. 식사는 했니?
가는 길에 평양에서 먹고 가려고요

오는 길에 원산 삼촌댁에 들러
칠보산 송이버섯 좀 가지고 오너라
알겠습니다. 순이야 너는 어디 가니?
나는 해주에 봉사활동 가는데 오빠가 좀 데려다 주어
그러자, 통일이 되니 정말 좋구나

북쪽에 사는 사람들도 마찬가지야
어머니 다녀오겠습니다. 어딜 가는데
네, 지리산에 등산가요. 서울에서 친구들 만나
지리산으로 가기로 했는데 며칠 걸릴 겁니다
제주도 한라산까지 다녀오려고요

그래, 옆집 철이도 축구시합이 있어 대전에 간다더라
오는 길에 부산 자갈치시장 고래 고기 좀 사오너라
네, 그러지요. 통일이 되니 참 좋네요

그렇구나. 통일이 되니 모든 것이 술술 풀리는구나
예, 통일이 되니 너무 좋습니다
통일코리아 만세!! 통일코리아 만세!!

- 2015년 가을, 통일된 조국을 상상해 보면서

통일동산에 올라

(1) 애들아! 모여라!
우리 모두 손잡고 달려가자
꿈꾸는 통일동산으로
희망찬 미래가 우리를 부른다
남북의 친구들 하나가 되어
통일동산에 꽃씨를 뿌리자
무궁화동산 가꾸어 나가자

(2) 애들아! 모여라!
우리 모두 신나게 달려가자
꽃피는 통일동산으로
드넓은 세계가 우리를 부른다
환하게 웃으며 큰 목소리로
통일의 노래 힘차게 부르자
평화의 노래 다함께 부르자

후렴
아! 우리는 한 형제
아! 우리는 한 가족
찬란한 역사의 주인공이다
세계평화 지키는 파수꾼이다

- 2016년 6월 23일 씀
(통일부 통일동요 공모전 출품작)

통일 되면 우리는

(1) 통일이 되면 우리는
할 일이 너무 많아요
더 이상 미루지 말아요
우리의 꿈을 펼칠 수 있게
통일된 나라 우리가 만들어요
평화의 나라 우리가 만들어요

(2) 통일이 되면 우리는
갈 곳이 너무 많아요
더 이상 미루지 말아요
우리의 꿈이 이루어지면
세계로 뻗어나가는 대한민국
세계의 중심이 되는 대한민국

후렴
라 라 라 라 라 라
라 라 라 라 라 라
우리는 해낼 수 있어요
휴전선 철조망을 걷어내고
세계인의 평화공원
우리 손으로 만들어요

- 2016년 6월 24일 씀
(통일부 통일동요 공모전 출품작)

그날이 오면

(1) 삼천리 금수강산에
그날이 오면
통일의 그날이 오면
백두산 한라산이 활짝 웃고요
한강과 대동강도 춤을 추어요
그날이 오면
통일의 그날이 오면
남과 북이 정답게 손잡고
흥겨운 노래 우리 함께 불러요

(2) 남북이 하나가 되는
그날이 오면
통일의 그날이 오면
빛나는 일등국가 같이 만들어
세계로 거침없이 뻗어 나가요
그날이 오면
통일의 그날아 오면
우리 함께 다정히 손잡고
아리랑 노래 우리 함께 불러요

- 2016년 7월 1일 씀
(통일부 통일동요 공모전 출품작)

통일열차

(1) 통일열차 출발해요
어서어서 타세요
대한 사람 모두모두
빠짐없이 타세요
부산을 출발한 통일열차가
평양을 지나 국경을 넘어
신나게 달려요
꿈을 실은 통일열차
세계를 향해 신나게 달려요
미래를 향해 힘차게 달려요

(2) 통일열차 출발해요
어서어서 타세요
남한 사람 북한 사람
모두모두 타세요
목포를 출발한 통일열차가
원산을 지나 대륙을 향해
멋지게 달려요
희망 실은 통일열차
세계를 향해 멋지게 달려요
미래를 향해 힘차게 달려요

- 2016년 7월 4일 씀
(통일동요 노랫말 공모 출품작)

주인이니까

(1) 너와 나 그리고 우리가
이 땅의 주인들인데
왜 안 되나요. 우린 할 수 있어요
우리가 한마음 되면
통일은 반드시 이루어져요
통일의 그날 멀지 않아요
우리 모두 힘을 내요
우리가 이 땅의 주인이니까

(2) 하늘 땅 그리고 세계가
우리를 보고 있어요
왜 안 되나요. 우린 할 수 있어요
우리가 통일이 되면
세계가 우리를 부러워해요
통일된 나라 멀지 않아요
우리 모두 힘을 내요
우리가 이 땅의 주인이니까

- 2016년 7월 7일 씀(통일 동요 노랫말 공모전 출품작)

우리는 하나다

(1) 우리는 동방의 햇불을 밝힌
단군의 후예들이다

삼천리 수려한 금수강산에
둥지를 틀고

홍익인간 큰 뜻을 펼치기 위해
백의민족 정신으로
광활한 대륙을 호령하면서

대대로 이어온
찬란한 역사의 주인공이다

우리가 이루려는 통일을 향한 꿈
갈 길이 멀다 한들 못갈 것이 무어냐

우리는 하나다
위대한 단군의 후예들이다

(2) 우리는 세계의 중심이 되는
배달의 후예들이다

인류의 평화와 화합을 위한
사명을 안고

이화세계 귀한 꿈 이루기 위해
다물군의 기백으로
드넓은 해양을 넘나들면서

면면히 이어온
찬란한 문화의 주인공이다

우리가 이루려는 평화를 위한 꿈
장벽이 높다 한들 이루지 못할쏘냐

우리는 하나다
위대한 배달의 후예들이다

- 2025년 을사년 6월 15일 평화통일을 염원하며

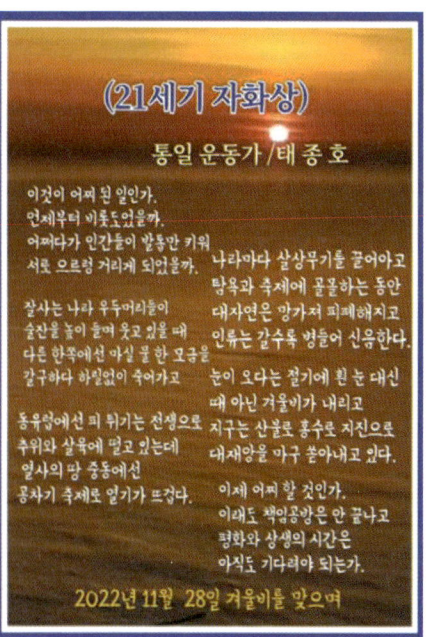
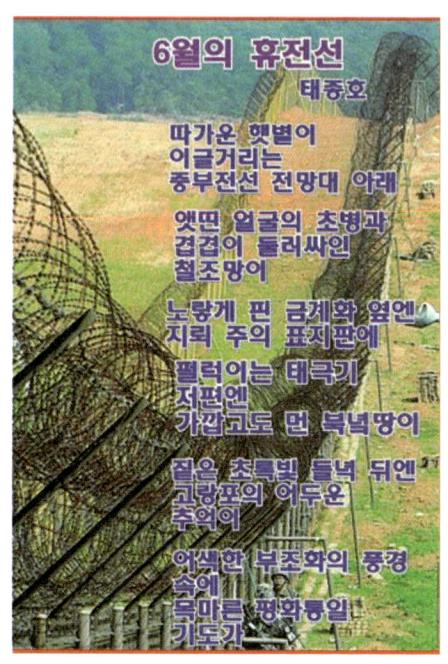

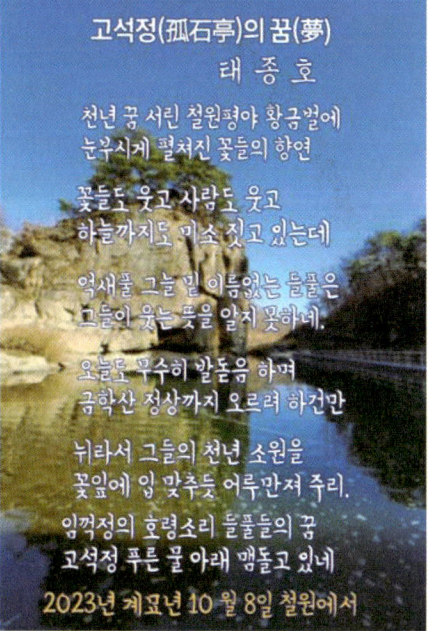

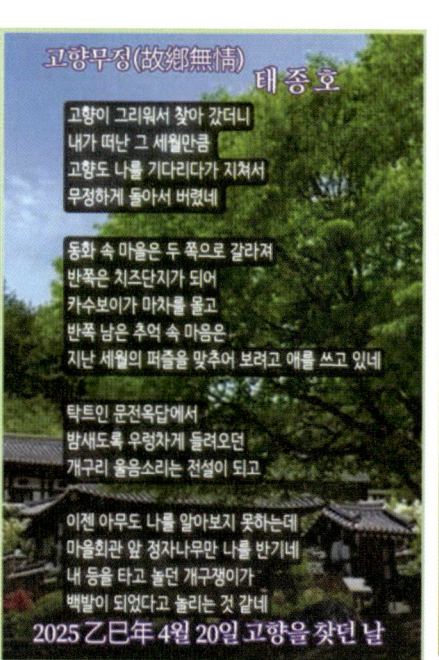

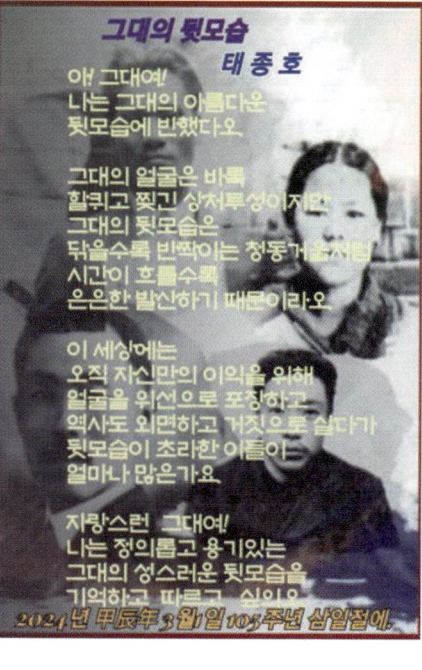
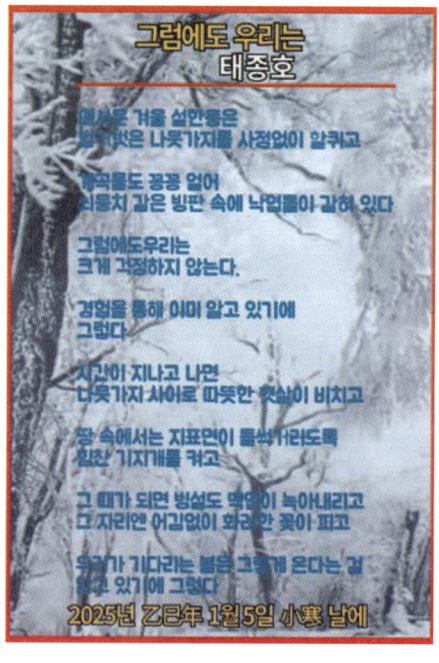

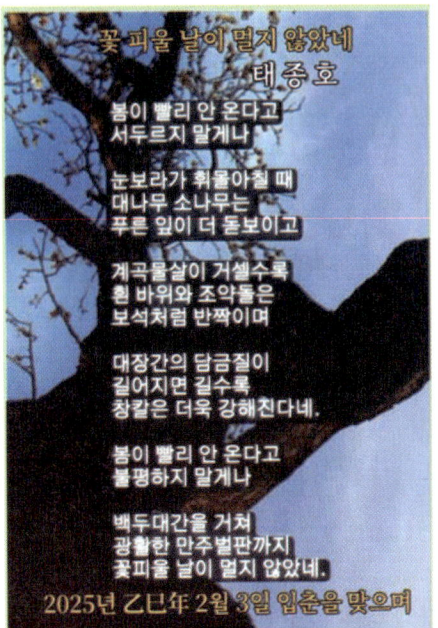

꽃 피울 날이 멀지 않았네
　　　　　　태종호

봄이 빨리 안 온다고
서두르지 말게나

눈보라가 휘몰아칠 때
대나무 소나무는
푸른 잎이 더 돋보이고

계곡물살이 거셀수록
흰 바위와 조약돌은
보석처럼 반짝이며

대장간의 담금질이
길어지면 길수록
창칼은 더욱 강해친다네.

봄이 빨리 안 온다고
불평하지 말게나

백두대간을 거쳐
광활한 만주벌판까지
꽃피울 날이 멀지 않았네.

2025년 乙巳年 2월 3일 입춘을 맞으며

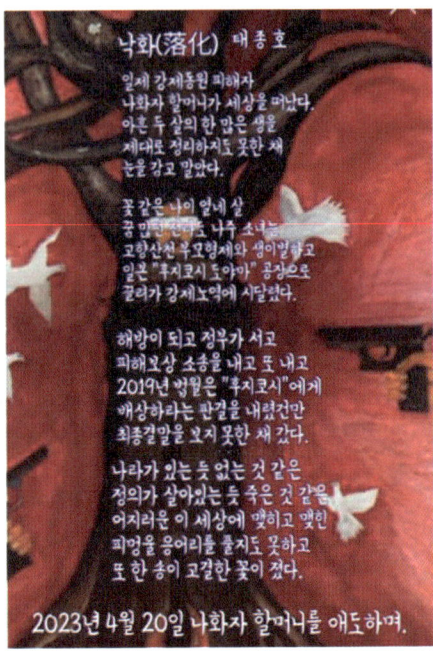

낙화(落化)　태종호

일제 강제동원 피해자
나화자 할머니가 세상을 떠났다.
아흔 두 살의 한 많은 생을
제대로 정리하지 못한 채
눈을 감고 말았다.

꽃 같은 나이 열여섯
꿈 많던 충남논산 나주 소녀는
고향산천 부모형제와 생이별하고
일본 "후지코시 도야마" 공장으로
끌려가 강제노역에 시달렸다.

해방이 되고 정부가 서고
피해보상 소송을 내고 또 내고
2019년 법원은 "후지코시"에게
배상하라는 판결을 내렸건만
최종결말을 보지 못한 채 갔다.

나라가 있는 듯 없는 것 같은
정의가 살아있는 듯 죽은 것 같은
어지러운 이 세상에 맺히고 맺힌
피멍을 응어리를 풀지도 못하고
또 한 송이 고결한 꽃이 졌다.

2023년 4월 20일 나화자 할머니를 애도하며

네발 걷기
　　　태종호

이제라도 네발로 걷자.
오만도 내려놓고
허울도 벗어놓고
원시로 돌아가
지구를 품자

한 걸음만 더 다가가
지구를 보자
냄새를 맡자
소리를 듣자.

오염된 산천
상처난 수목
화학 냄새 끝날 때까지
엎드려 기도하자

다 함께
지구를 가슴에 안고
들숨 날숨
장단을 맞추자
영원한 평화가
있을지니.

정유년 2017년 9월 9일 ~평창에서~

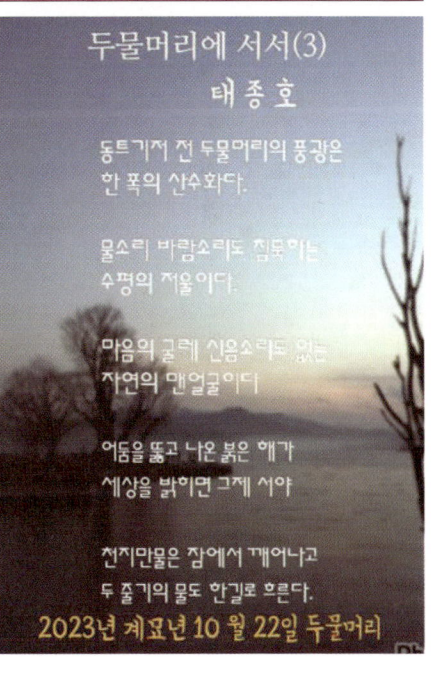

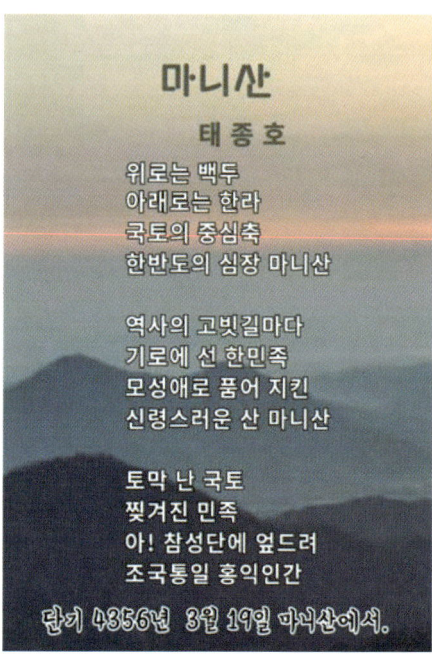

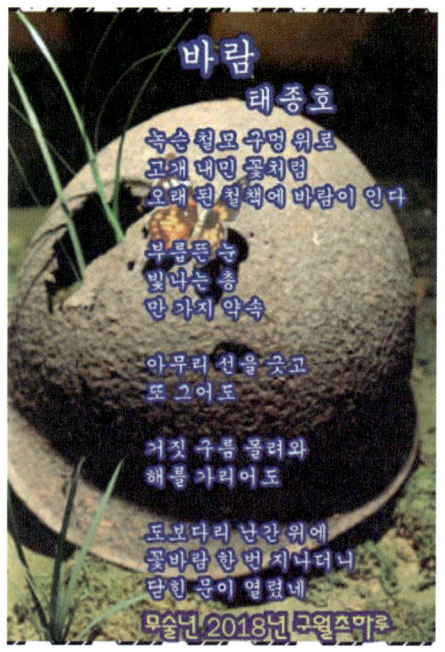
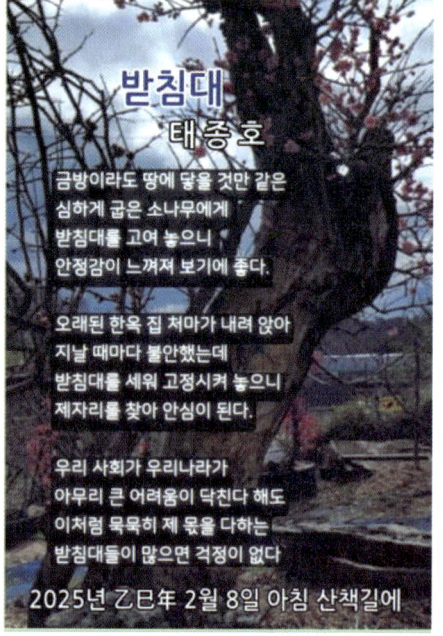

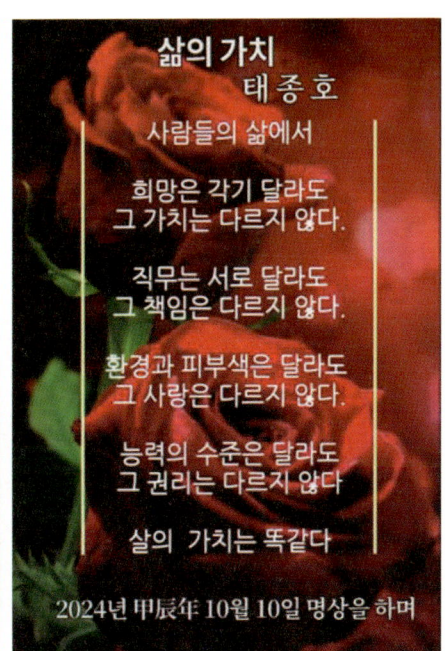
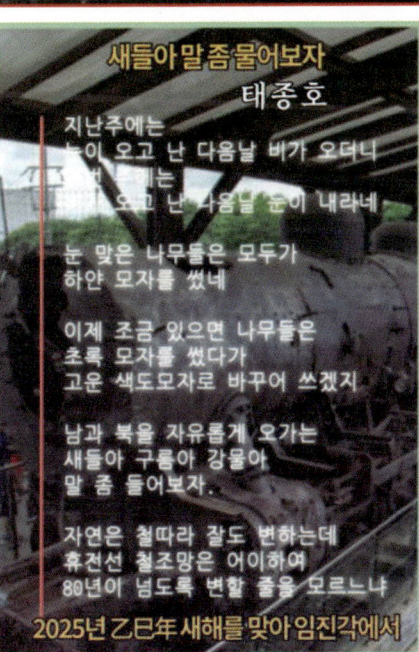
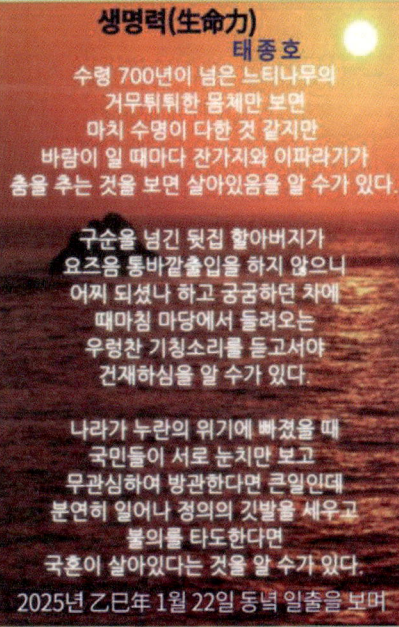

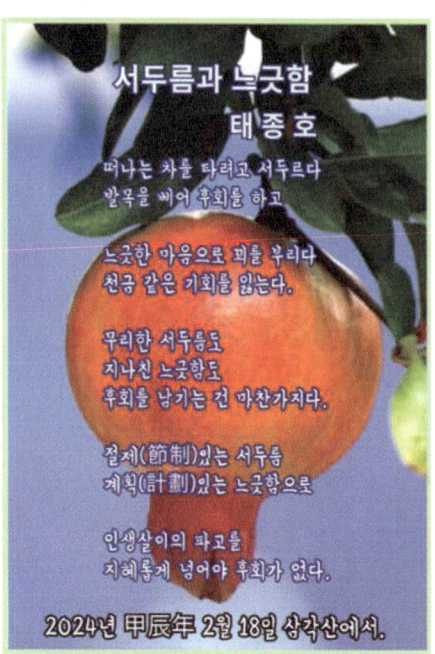

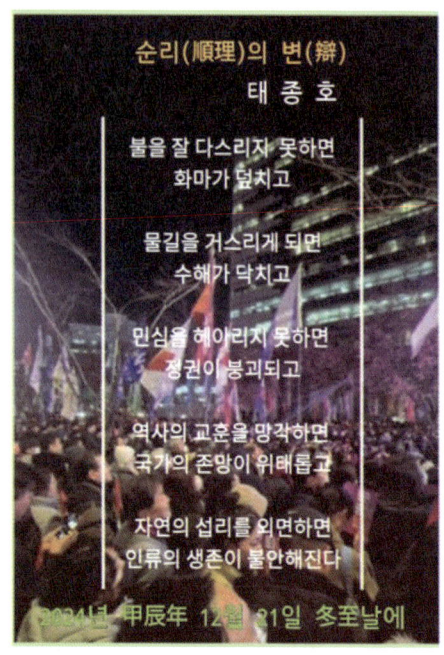

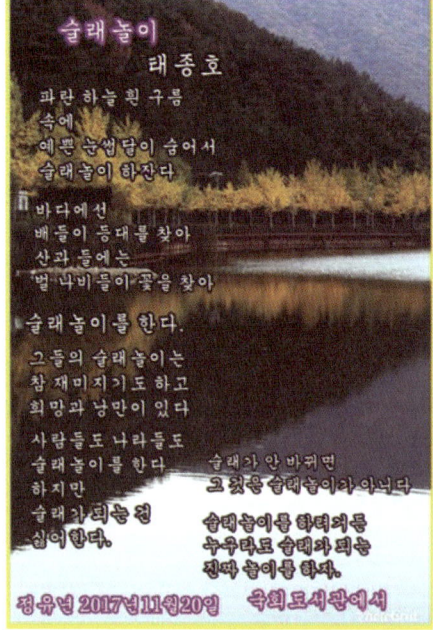

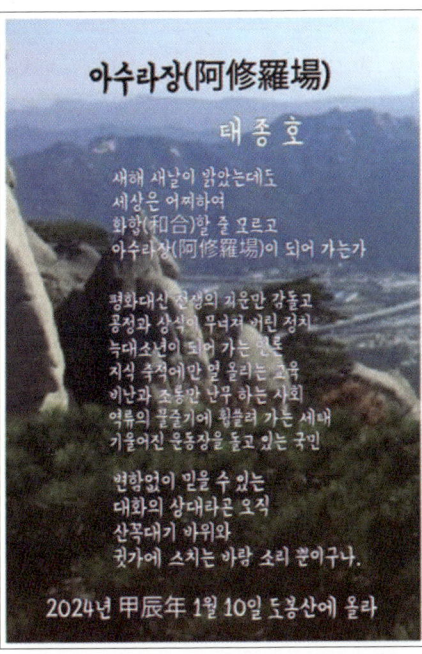
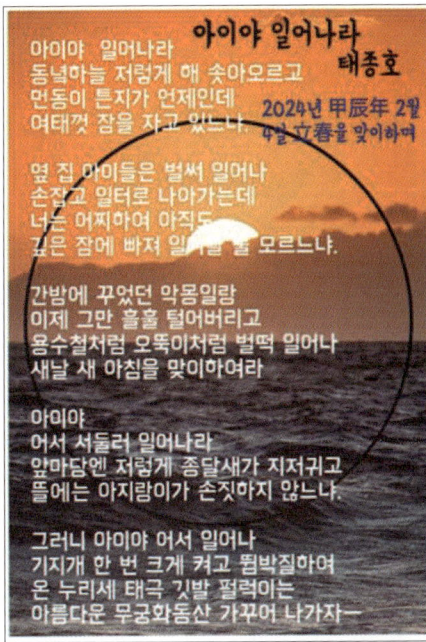
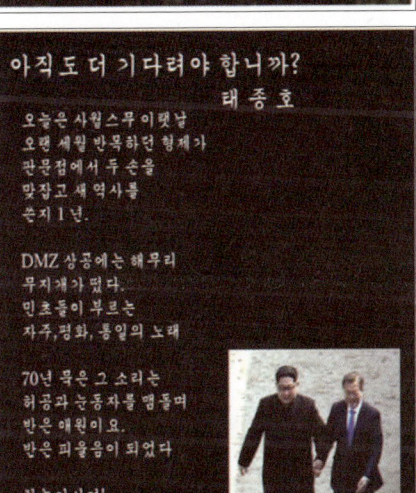
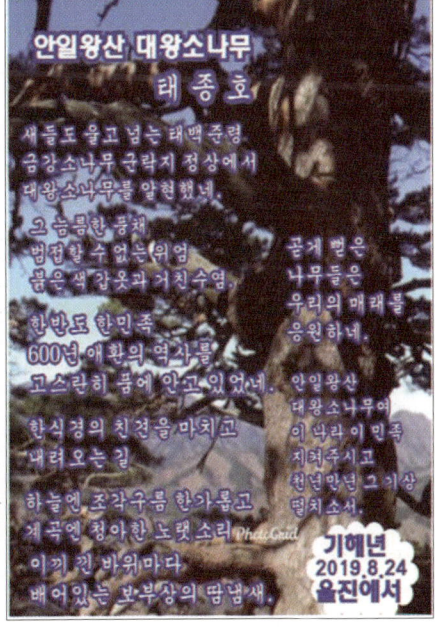

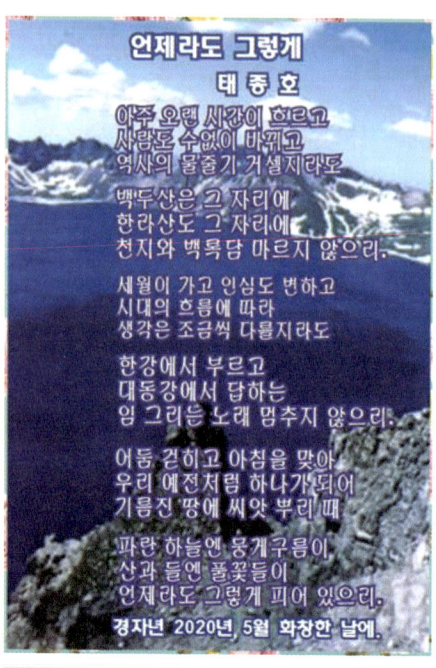
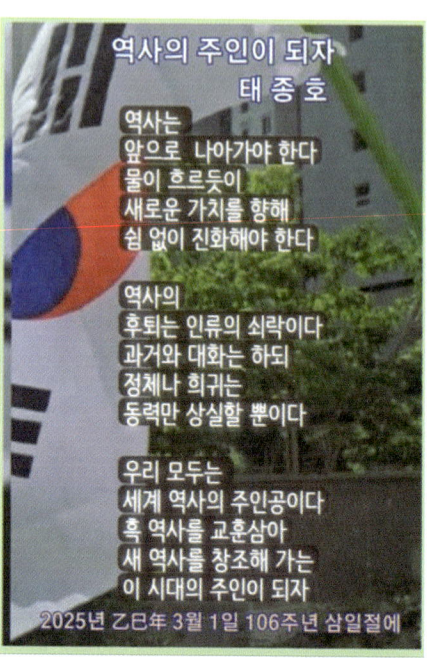
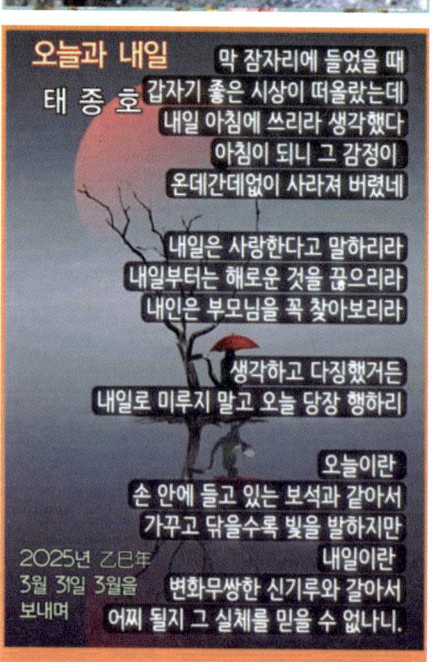
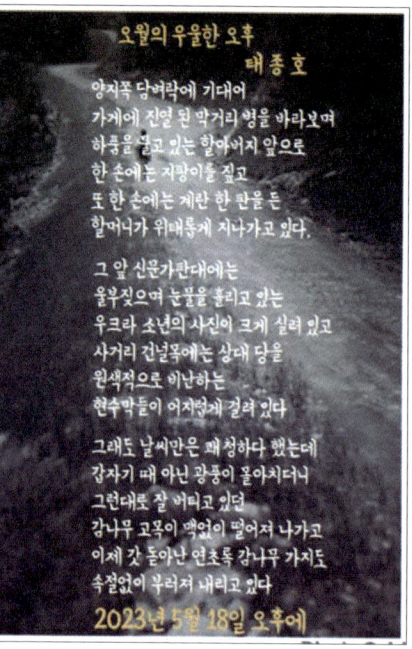

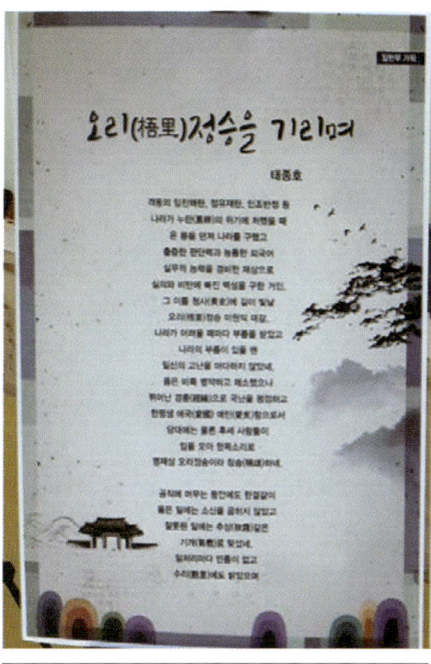
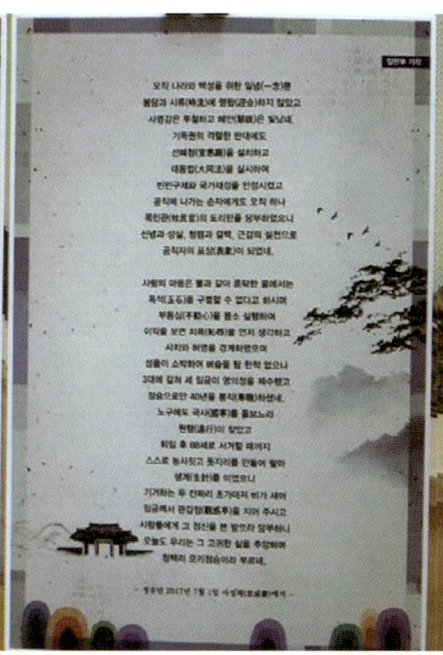
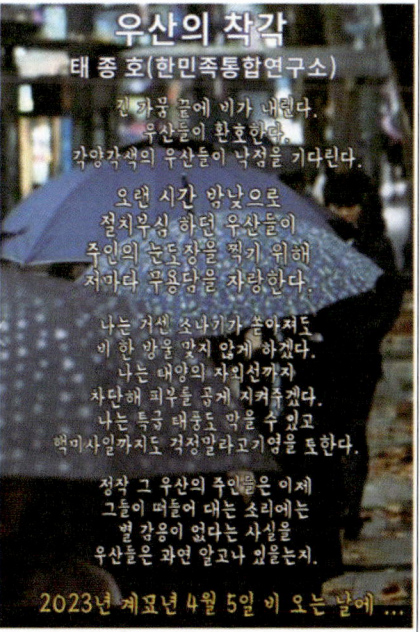
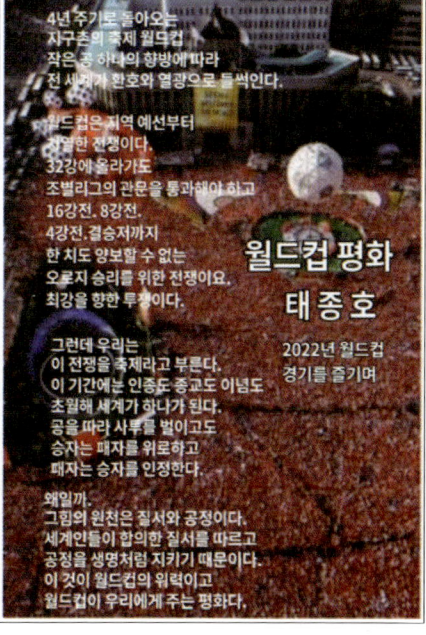

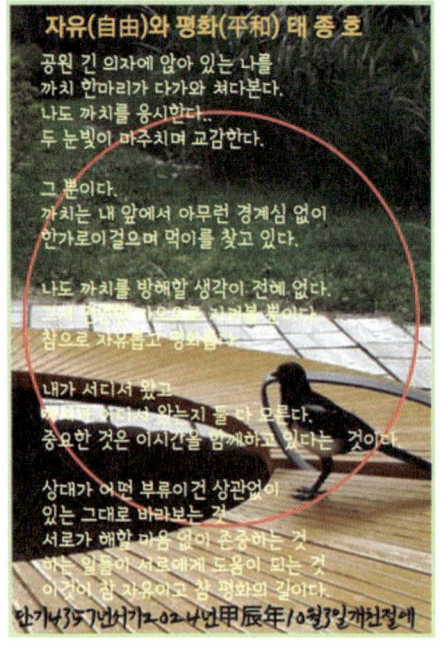
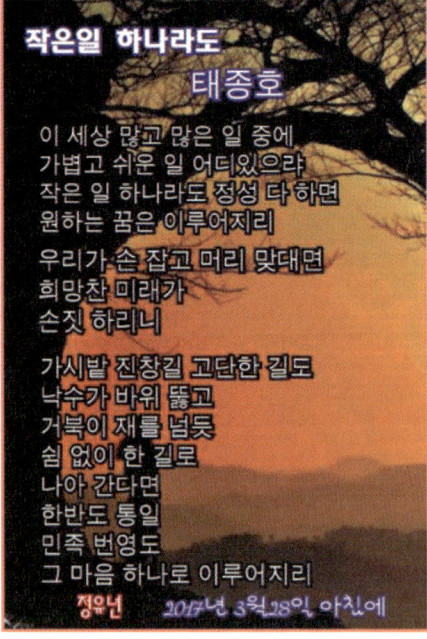

줄서기
태종호

세상을 살다보면
누구나 줄서기를 할 때가 있다
자신이 원하는 바를 얻기 위해
줄을 서서 기다리는 것이다
경우에 따라서는 밤샘을 하기도 한다
공연장 티켓을 구하거나
경기장에 입장을 하기 위해
각종 선거의 투표를 위해
자녀의 입시 상담을 위해
백화점 세일품목 구매를 위해
필사적으로 국경을 넘으려는 난민 행렬
심지어 한끼의 식사를 해결하기 위해서도
줄서기를 한다.
줄서기에는 두 얼굴이 있다
순서 지키기와 새치기다
순서 지키기는
평화와 화합과 안정이 따르지만 새치기는
무질서와 혼란과 파국을 몰고 온다.
어찌 보면 우리 인생살이 자체가 줄서기와도 같다
개인도 사회도 국가도 세계도
대자연까지도 모두가 그러하다

2025년 乙巳年 3월 10일 양춘지절에

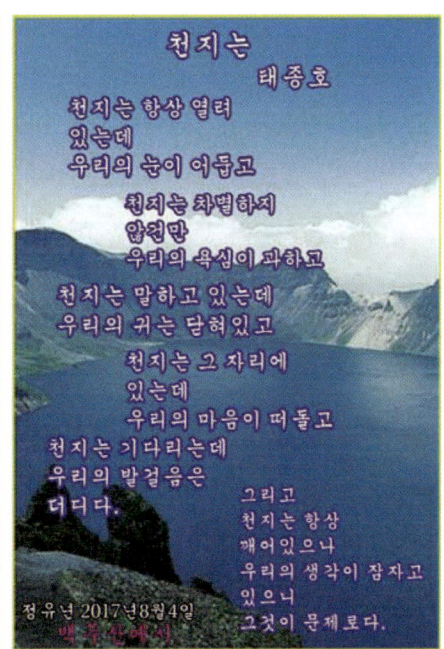

천지는
태종호

천지는 항상 열려
있는데
우리의 눈이 어둡고

천지는 차별하지
않건만
우리의 욕심이 과하고

천지는 말하고 있는데
우리의 귀는 닫혀있고

천지는 그 자리에
있는데
우리의 마음이 떠돌고

천지는 기다리는데
우리의 발걸음은
더디다.

그리고
천지는 항상
깨어있으나
우리의 생각이 잠자고
있으니
그것이 문제로다.

정유년 2017년 8월 4일
백두산에서

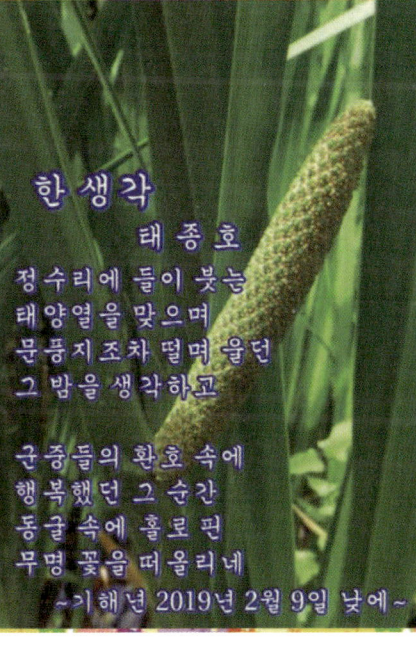

한 생각
태종호

정수리에 들이 붓는
태양열을 맞으며
문풍지조차 떨며 울던
그 밤을 생각하고

군중들의 환호 속에
행복했던 그 순간
동굴 속에 홀로 핀
무명 꽃을 떠올리네

~기해년 2019년 2월 9일 낮에~

한 씨알 한 뿌리
태종호

작은 씨알 하나
땅에 떨어져
뿌리를 내렸으니
한 뿌리인줄 알았네

싹 트고 잎 피고
바람 불더니
그 뿌리 흔들려
두 뿌리가 되려하네

정유년 2017년
6.25 한국전쟁 67주년에.

京山 민주평화통일 서사시집

우리는 하나

지은이 / 태종호
발행인 / 김영란
발행처 / **한누리미디어**
디자인 / 지선숙

08303, 서울시 구로구 구로중앙로18길 40, 2층(구로동)
전화 / (02)379-4514
Fax / (02)379-4516
E-mail/hannury2003@daum.net

신고번호 / 제 25100-2016-000025호
신고연월일 / 2016. 4. 11
등록일 / 1993. 11. 4

초판발행일 / 2025년 10월 1일

ⓒ 2025 태종호 Printed in KOREA

값 **22,000원**

※잘못된 책은 바꿔드립니다.
※저자와의 협약으로 인지는 생략합니다.

ISBN 978-89-7969-908-1 03810